本书由湖南师范大学马克思主义学院、湖南师范大学马克思主义理论国内一流培育学科、湖南省高校网络思想政治工作中心资助出版。

本书为国家社科基金一般项目《大数据时代增强高校意识形态安全研究》（20BKS145），湖南省社科基金项目高校思想政治教育研究课题"互联网+时代大学生社会主义意识形态认同现状与对策研究"（19B04），湖南省教育厅科学研究重点项目"自媒体时代大学生社会主义意识形态认同研究"（18A038）的阶段性研究成果。

学者文库

自媒体时代大学生
社会主义意识形态认同研究

陈丽荣◎著

九州出版社
JIUZHOUPRESS

图书在版编目（CIP）数据

自媒体时代大学生社会主义意识形态认同研究／陈丽荣著．－－北京：九州出版社，2020.11

ISBN 978 - 7 - 5108 - 9942 - 3

Ⅰ.①自… Ⅱ.①陈… Ⅲ.①大学生—思想政治教育—教学研究—中国 Ⅳ.①G641

中国版本图书馆 CIP 数据核字（2020）第 243775 号

自媒体时代大学生社会主义意识形态认同研究

作　　者　陈丽荣　著

责任编辑　周弘博

出版发行　九州出版社

地　　址　北京市西城区阜外大街甲 35 号（100037）

发行电话　（010）68992190/3/5/6

网　　址　www. jiuzhoupress. com

印　　刷　三河市华东印刷有限公司

开　　本　710 毫米×1000 毫米　16 开

印　　张　17

字　　数　200 千字

版　　次　2021 年 6 月第 1 版

印　　次　2021 年 6 月第 1 次印刷

书　　号　ISBN 978 - 7 - 5108 - 9942 - 3

定　　价　95.00 元

目　录
CONTENTS

绪　论

一、选题背景与研究意义

（一）研究的背景

网络技术在 20 世纪 80 年代末传入中国，在 90 年代飞速发展，自 2G 网络通过短信、电话架起沟通桥梁以来，近 20 年网络技术以惊人的速度蓬勃发展、开拓创新，4G、5G 网络时代已经到来。自媒体以博客、论坛的形式发展起来，到现在以微信、微博、短视频、抖音等形式渗透到人们生活的方方面面，让人们的生活发生着翻天覆地的变化：通过微信、微博、短视频、抖音等自媒体，人们可以在同一时刻分享经历，在掌寸间了解世界、定位位置，拉近时空距离……据中国互联网络信息中心（CNNIC）统计：2019 年 8 月 30 日，第 44 次《中国互联网络发展状况统计报告》显示，我国网民规模达 8.54 亿，普及率达 61.2%，较 2018 年年底提升 0.5 个百分点。手机网民规模达 8.47 亿，通过手机接入互联网的比例高达 99.1%。我国网民中，学生群体最多，占比达 26.0%①。青年大学生成为占最大比重、使用自媒体时间较长的网民群体，自媒体像一股风渗透到大学生的日常学习和生活中。2018 年自媒体、新媒体从业者逾 300 万人，主要为 30 岁以下的年轻人，其中大学毕业 5 年内的年轻人占比最高。我们已经进入了一个自媒体时代。

社会存在决定社会意识，蓬勃发展的自媒体时代的到来为社会主义意识形态建设与发展提供了新契机，也潜藏着难以预知的风险，加大了网络舆情搜集和判断的难度，威胁到我国社会主义意识形态安全，给社会主义意识形态认同带来了巨大的挑战。以马克思主义为指导的中国特色社会主义意识形态是我国当代的社会主义意识形态，在自媒体时代增强对其的认同，关系着社会主义国家的前途命运，关系着中华民族的复兴大业的成败。十八大以来，党中央高度重视意识形态工作，强调意识形态工作关系党的前途命运和国家长治久安，关系民族凝聚力和向心力，是党的一项极其重要的工作。十九大报告指出："建设具有强大凝聚力和引领力的社会主义意识形态，使全体人民在理想信念、价值理念、道德观念上紧紧团结在一起。"②

大学生作为中国特色社会主义事业建设者和接班人，对社会主义意识形态是否认同、认同的程度，关系到民族的生死存亡、国家的繁荣昌盛、社会的发展进步。大学生正处于青年中期，心理发展和认知水平在成长和提升，他们期望能独立判断、自主思考来进行行为选择，但他们

---

① 中国互联网络信息中心（CNNIC）.第 44 次《中国互联网络发展状况统计报告》[EB/OL].中国网信网，2019 – 08 – 30.

② 习近平.决胜全面建成小康社会，夺取新时代中国特色社会主义伟大胜利——在中国共产党第十九次全国代表大会上的报告［M］.北京：人民出版社，2017：41.

的心理、认知等方面不够成熟，容易受各种纷繁多样的社会思潮影响，在认识分析社会问题时，往往会出现非理性的成分与偏见。自媒体时代的到来对大学生社会主义意识形态认同产生了巨大的影响，自媒体的全球化、去中心化、多元化、个性化、自主化等特点让大学生社会主义意识形态面临新的挑战，自媒体已经演变成中西方意识形态斗争的新场域，不同的社会思潮与价值取向在自媒体上纷杂交织，当代大学生社会主义意识形态认同出现了认同态度主动性不够，态度淡薄；认同情感稳定性不高，情感飘泊；认同一致性不够，认同知行异向等问题。还有部分大学生对高校马克思主义理论教育抱有抵触、应付心理等问题。

高校肩负着研究宣传社会主义意识形态、为实现中华民族伟大复兴的中国梦提供智力支持的责任和使命。习近平指出："青年兴则国家兴，青年强则国家强"①，中国共产党从来都把青年看作祖国的未来、民族的希望。赢得青年就赢得世界，赢得未来，这些都要求我们增强自媒体时代大学生对社会主义意识形态的认同，帮助他们坚定信念，这是一项战略工程、固本工程、铸魂工程。

（二）研究的意义

1. 理论意义

一是有助于深化对意识形态、社会主义意识形态、社会主义意识形态认同的研究。系统分析自媒体时代的到来对大学生社会主义意识形态认同的影响，深入进行研究，也势必推动着大学生社会主义意识形态认同理论和方法论的革新和发展，使社会主义意识形态传统理论建设、方法论进一步得到改进和完善。自媒体新时代、新特点将赋予社会主义意

---

① 习近平谈治国理政［M］. 北京：外文出版社，2014：54.

识形态新的内容，要增进对社会主义意识形态的认同，社会主义意识形态自身要顺势而为，完善发展，开拓创新。通过总结苏联、中国社会主义意识形态历史发展中的教训与启示，有助于深化社会主义意识形态认同构建上的经验与教训，探讨和总结社会主义意识形态认同的经验和一般规律，使其完善发展，适应形势的需要，为社会主义意识形态的理论发展本身提供了更加广阔的前景。

二是有助于深化对大学生社会主义意识形态认同的研究。一方面有助于拓宽大学生社会主义意识形态认同的研究视野。基于自媒体视角研究大学生社会主义意识形态认同，是大学生意识形态认同教育领域里比较新颖的研究视角。另外，自媒体时代赋予社会主义意识形态新的内容，有助于开辟社会主义意识形态建设新领域与新空间，面对新的机遇与挑战，增强理论的预见性与前瞻性，创新我国社会主义意识形态建设的理念与路径，对巩固我国社会主义意识形态的指导地位意义重大。另一方面有助于促进高校网络思想政治教育学的理论发展，高校网络思想政治教育学经过二十多年的发展，取得了很多成果，但对自媒体、手机媒体、微视频等网络新媒体的具体应用研究涉足较少。关于自媒体在大学生社会主义意识形态认同中的具体运用分析，也要求高校网络思想政治教育在内容、方式等方面与自媒体时代接轨，不断拓展理论研究，从而进一步推进网络思想政治教育学的进步与发展。

2. 现实意义

一是有助于深入了解自媒体时代社会主义意识形态认同面临的机遇与挑战。以自媒体时代为背景，以大学生社会主义意识形态认同作为研究对象，对于我们抓住机遇，迎接挑战，沉着应对冲击具有深远的现实意义。自媒体已经全面深刻地介入了人们生活的方方面面，在多元、多样"文化土壤"中孕育成长起来的"网络原住民"大学生在尽情享受自媒体带来的丰富的物质资源的同时，也在自媒体环境中寻求着价值认同。自媒体时代的到来，是一把双刃剑，对大学生社会主义意识形态认同既带来了机遇，也带来了挑战。自媒体时代的普泛性延展了大学生社会主义意识形态传播的新场域，交互性拉近了认同主体与客体之间的距离，灵活性增加了高校意识形态教育的方式，圈群化凝聚了群体认同。同时，自媒体时代的到来也带来了新的挑战，全球化解构社会主义意识形态国际话语权，去中心化威胁社会主义意识形态"一元"地位，多元化削弱大学生的情感认同，个性化导致大学生的自我价值功利化，自主化挑战高校传统思想政治教育模式等，本书对自媒体时代大学生社会主义意识形态认同的研究有助于积极应对这些现实挑战。

习近平总书记强调："青年的价值取向决定了未来整个社会的价值取向。"[1] 大学时期是青年大学生世界观、人生观、价值观渐趋成熟和走向稳定的关键时期。高校是各类意识形态斗争交融的主要阵地，不断涌现的社会思潮，让大学生受到非主流意识形态的冲击，增加了明辨是非的难度，当评判标准缺失时，部分大学生陷入价值困惑，甚至迷失方向。在党牢牢把握对学校意识形态工作主导权的现实要求下，对自媒体时代大学生社会主义意识形态认同途径进行探索和总结，具有现实针对性，有助于国家和社会的稳定、安全与发展，是未来发展的现实呼求。

二是有助于明晰自媒体时代大学生社会主义意识形态认同的现状和问题。

当代大学生总体上呈现出良好态势，积极向上，拥护中国共产党的

---

[1]　习近平谈治国理政 [M]. 北京：外文出版社，2014：172.

领导，赞同社会主义意识形态。但是，全球化、网络信息化的到来，国内外环境的深刻变化，大学生的思想和价值观念上不同程度地受到冲击与影响。各种纷繁多元的思潮涌来，西方价值观念、非主流社会思潮的干扰都影响到大学生对社会主义意识形态的认同，部分大学生出现震惊、茫然、困惑，出现了认同的西化、形式化、边缘化、概念化、教条化等不良倾向，存在认同主动性不够、认同准确性有偏差、认同情感不稳定、认同知行一致性不够等诸多问题。

高校社会主义意识形态认同教育自身存在诸多问题，如模糊"生命线"地位，"过时论""无用论"显现，吸引力不强、针对性不足、创新势头不明显，部分教育者理论素质不过硬，理想信念不坚定，在职能定位上，运行失位，目标任务错位等。在自媒体时代新情况、新表达的影响下，社会主义意识形态认同出现了新问题，需要提出相应的解决策略，如何增强大学生对社会主义意识形态的认同，增强大学生投身中国特色社会主义现代化建设的凝聚力和向心力，是新时代亟须加以研究和探讨的现实问题。

三是有助于维护高校意识形态安全，为高校加强意识形态教育提供行之有效的对策。在当今国际国内多元思想文化不断碰撞激荡的环境下，用马克思主义的指导思想来引领多元化社会思潮，高效利用自媒体平台开展意识形态建设工作，增强社会主义意识形态的感染力、吸引力与凝聚力，牢牢把握党对学校意识形态工作的主导权，积极探索，总结经验，探寻新途径，有助于我国高校在应对严峻挑战时，主动抢占自媒体这一教育阵地。从国家、社会、学校、大学生多角度探究大学生社会主义意识形态意识认同的内涵、意义、成就、不足、对策，提升实效，这些都对指引大学生意识形态认同教育、高校网络思想教育的实践活动具有积极的借鉴意义，研究的成果和结论也可供相关上级部门和高等院校做决策参考。

二、研究现状与发展趋势

（一）国内研究现状

1. 成果数量上，到 2019 年，在国家图书馆以"意识形态认同"为题进行书目检索，仅有 3 本学术专著：聂立清著《我国当代主流意识形态认同研究》，人民出版社 2010 年版；邹庆华著《提升当代社会主流意识形态认同度研究》，中国社会科学出版社 2015 年版；王娟著《社会思潮与大学生主流意识形态认同》，天津人民出版社 2017 年版。

在中国知网硕博论文库中，以"意识形态认同"为题名进行搜索，找到 7 篇博士学位论文和 31 篇硕士学位论文。7 篇博士学位论文的题目分别为：《新时代马克思主义意识形态认同问题研究》（包天强，2019）、《网络"微"时代我国高校学生意识形态认同安全研究》（冷文勇，2018）、《社会主义意识形态认同历程研究》（胡春阳，2016）、《当代中国社会转型期党的意识形态认同研究》（侯天佐，2015）、《提升当代社会主流意识形态认同度研究》（邹庆华，2014）、《当前我国主流意识形态认同问题研究——以维护社会秩序稳定为出发点》（姜地忠，2009）、《意识形态认同：新时期中国共产党社会整合的思想基础》（崔晓晖，2008）。以同样条件在中国知网检索期刊论文，发现有三百余篇以"意识形态认同"为题的文章。而进一步在上述结果中搜索题名中包含"大学生"的文章，有 117 篇。从论文公开发表的时间看，其中大部分集中发表于近几年：2014 年 9 篇，2015 年 16 篇，2016 年 24 篇，2017 年 23 篇，2018 年 16 篇，2019 年有 14 篇。以"自媒体"和"意识形态建设"为关键词进行检索，共出现 100 条检索结果。

在中国知网以"自媒体"为题名进行搜索后发现，自 2012 年开始相关论文数量急剧上涨，从公开发表的文献来看，国内学界关于意识形态认同的研究始于世纪之交，李英田 2000 年在《社会科学报》上发表《加强意识形态认同力的研究》，文章简要指出了我国社会主义意识形态领域面临的五个方面的挑战，提出了增强马克思主义意识形态认同力的思路。2005 年，王冰的论文《自媒体的"歧路花园"——博客现象的深层解读》在《学术论坛》上发表，学术界对自媒体的研究开始起步。

近二十年来，学者围绕意识形态认同进行了比较多的研究，但研究成果以期刊论文居多，系统研究的学术专著还不多。在这些学术专著中，具有代表性的有聂立清编著的《我国当代主流意识形态认同研究》，该书研究了意识形态认同的理论基础、特点实质、类型特点等，探讨了我国当代主流意识形态认同面临的新课题，并提出了基本战略和正确策略。

表一：以"社会主义意识形态认同"为篇名搜索的期刊论文篇数（2008—2019.08.31）

年份（年）	2008	2009	2010	2011	2012	2013	2014	2015	2016	2017	2018	2019
论文篇数	1	3	1	3	1	2	4	3	3	9	1	3

表二：以"大学生社会主义意识形态认同"为篇名搜索的期刊论文篇数

（2008—2019.08.31）

年份（年）	2008—2010	2011	2011—2016	2017	2019
论文篇数	0	1	0	2	1

表三：以"自媒体时代社会主义意识形态认同"为篇名搜索的期刊论文篇数

（2008—2019.08.31）

年份（年）	2008—2014	2015	2016	2017	2018	2019
论文篇数	0	1	1	2	4	1

2. 研究视角上，主要表现在以下几个方面：第一，关于不同主体的主流意识形态认同研究。这些主体涉及青少年、教师、大学生、农民工、民营企业家等。相关成果有《青少年主流意识形态认同：问题、影响因素及路径选择》《大学生主流意识形态的认同研究》《青少年主流意识形态认同中存在的问题及原因》《大学生主流意识形态认同特征及教育对策》《个体特征与农民工主流意识形态认同》《新媒体对青年民营企业家主流意识形态认同的影响研究》《政治社会化路径下农民工主流意识形态认同的实证分析》《高校青年教师主流意识形态认同教育问题探赜》等。第二，关于不同历史时期和时代条件下的主流意识形态认同研究。如《结构断裂：转型期主流意识形态认同困境的内潜性原因分析》《社会转型期中国共产党意识形态认同面临的挑战及应对》《社会信息化与我国主流意识形态认同的构建》《社会转型期主流意识形态认同危机与对策》《微时代的意识形态认同危机及其治理》等。第三，关于各种社会思潮影响主流意识形态认同的研究。如《社会思潮影响青年主流意识形态认同的作用机理解析》《民粹主义思潮对大学生主流意识形态认同的影响调查分析》《论新自由主义与我国青年的主流意识形态认同》等。第四，不同学科和语境下的主流意识形态认同研究。如《社会心态视域中的主流意识形态认同》《统战视域下高校海归青年人才对马克思主义意识形态的认同问题研究》《民生视阈下推进我

国主流意识形态认同的有效路径》《哲学语境中意识形态认同的文艺方式》等。

3. 研究内容上，学者们的研究主要涉及以下几个方面：

（1）意识形态认同的内涵

有学者认为，意识形态是代表统治阶级根本利益的情感、表象和观念的总和，其根本的特征是用幻想的联系取代并掩蔽现实的联系。赵晶认为，意识形态认同是人们对反映一定群体利益的观念体系的认可、拥护和支持[①]。认同不同于模仿和依从，是个体对自己所属身份或群体的一种肯定性心理判断和情感归属，是民众经过理性的思考和判断，自愿地向公共权力表达出来的基本心理倾向。郑永廷认为，意识形态认同不仅仅是主体对意识形态的一种简单的知识性的同意和接受，更是主体对意识形态在心灵深处的相通相融和在情感、意识上的归属感，是人们对某种意识形态自觉自愿的认可、赞同、接受、遵从乃至尊崇[②]。权麟春认为主导意识形态认同与主流意识形态认同有严格的区别，绝不能混为一谈[③]。主导意识形态以其"主导"引导"主流"在现实社会实践中的切实可行性，并且能够得到广大人民群众的广泛认同和践行，才能成为"主导"。综合学者们的观点，意识形态是一种思想体系，植根于一定的经济基础，并依托经济发展的反映本阶级的思想体系，它是变化的概念，随着社会的发展与阶级的变化，不断演变与发展。意识形态认同是人们对于意识形态的自觉自愿的认可、赞同、接受，再内化，然后去

[①] 赵晶. 马克思主义意识形态认同研究［J］. 党政论坛，2013（4）。

[②] 郑永廷. 认同：意识形态研究新视角——评《我国当代主流意识形态认同研究》［N］. 中国教育报，2011 - 3 - 14.

[③] 权麟春. 文化认同视域下的主导意识形态认同［J］. 云南行政学院学报，2016（3）.

践行。主流意识形态认同则是指人们对占统治地位的意识形态的赞同认可、拥护与支持。我国主流意识形态认同就是广大人民群众对社会主义意识形态的认同与拥护。

（2）关于意识形态认同的形成机制

揭晓认为，主流意识形态的认同是内在机制和外在机制相互作用的结果，是在自身需求驱动下，选择机制、调节机制以及教育机制、引导机制和规范机制的相互作用的整合过程①。许佃兵也从内外两方面论述了意识形态认同的形成机制，内部形成机制包括动力机制、评价机制、反馈和调节机制，外部形成机制包括教化机制、制约引导机制、奖惩机制。聂立清、张燕认为，实现主流意识形态认同需要有两种机制：一是"要我认同"的自上而下途径和社会外在机制，二是"我要认同"的自下而上途径和个体内在机制。前者为外因，是实现主流意识形态认同必不可少的条件；后者为内因，是实现主流意识形态认同的根本所在②。

（3）关于意识形态认同的基础和影响因素

张文彦、魏建国论述了意识形态认同的主客观基础，认为社会成员个体价值观的追求与社会整体价值观的一致是国家意识形态认同的主观基础，国家的政治、经济、文化和社会的历史的现实的生活环境共同构成了国家意识形态认同的客观基础③。刘云则重点强调了利益在意识形态认同中的基础性地位，利益是意识形态的核心要素，是意识形态认同的基础。社会转型中利益分化严重影响了主流意识形态的认同。要增加

---

① 揭晓. 大学生主流意识形态认同的形成规律及其启示 [J]. 教育探索, 2012 (4).
② 聂立清，张燕. 我国当代主流意识形态认同的实现机制探析 [J]. 领导科学, 2012 (4).
③ 张文彦，魏建国. 国家意识形态认同探析 [J]. 理论学刊, 2010 (12).

人们对主流意识形态的认同，就要抓住利益这条主线，把实现好、发展好、维护好广大人民群众的利益作为根本途径①。陈悦、杨小菲具体阐述了影响社会主义意识形态认同的主要因素，包括西方世界掌握话语霸权，社会文化多元化，部分党员干部理想信念缺失、行为失范，意识形态教育方式单一等。张润枝、陈艳飞重点分析了意识形态的文本载体对当代青年主流意识形态认同的影响。她们认为，以经典著作、教科书、普及读本为主要形式的传统文本尽管较为有效地维护了主流意识形态文本叙述上的绝对权威，但也存在现实感不强、通俗性不够的问题②。

（4）关于主流意识形态认同面临的机遇与挑战

王芝眉、李笃武等学者探究了社会转型期的主流意识形态认同。王芝眉认为，社会转型的认知碎片化、认同断裂性、价值理性物化、虚假认同等导致主流意识形态认同逐渐弱化、陷入危机，使意识形态认同呈现多元化趋势，从而出现"非意识形态化"现象③。李笃武认为，社会意识多样化和多元文化并存、社会生活方式多样化和社会成员价值取向多元化、西方发达国家凭借其先进的通讯技术和话语霸权都挑战着主流意识形态认同，企图摧毁马克思主义在我国意识形态领域的指导地位④。聂立清论述了信息化条件下我国主流意识形态认同机遇包括：社会信息化拓宽传播方式；网络的交互性拉近距离；社会信息化增强了吸引力和感染力；社会信息化提供了主流意识形态吸收、借鉴人类文明成

① 刘云. 转型期利益分化与主流意识形态认同危机［J］. 临沂大学学报，2014（5）.
② 张润枝，陈艳飞. 论文本转换与当代青年对主流意识形态认同度的提升［J］. 当代世界与社会主义，2014（5）.
③ 王芝眉. 结构断裂：转型期主流意识形态认同困境的内潜性原因分析［J］. 新疆大学学报（哲学社会科学版），2014（6）.
④ 李笃武. 社会转型期主流意识形态认同危机与对策［J］. 河南师范大学学报（哲学社会科学版），2006（2）.

果的便利条件。挑战主要有：信息流变增加理性整合的难度；网络信息传播方式弱化权威认同；社会信息压力挤占认同的时空①。李炎芳等人对微时代的意识形态认同危机进行梳理，认为危机主要表现在：主流意识形态舆论主导地位受到冲击；主流意识形态的防御能力降低；主流意识形态的整合难度加大；主流意识形态建构的有效性受到削弱。② 蔡泉水、赵松则从博弈视角分析了新媒体对主流意识形态认同的挑战。他们认为，从主动博弈看，新媒体不仅使社会主义意识形态整合过程更加复杂，而且削弱了传统的意识形态整合方法的有效性，从而增加了整合的难度。从被动博弈看，新媒体既分散社会主义意识形态的吸引力，又强化西方意识形态霸权，从而增加了防御的难度③。

（5）关于非主流意识形态对主流意识形态认同的影响

冯刚认为，在新技术条件之下，非主流意识形态的存在、流行与传播，对主流意识形态造成的冲击最少有两个方面：一方面，社会思潮逐渐多元，民众思想变得活跃；另一方面，各类社会成员的行为选择上出现多变。它使一些低俗的、腐朽的文化拥有了滋生的场所，对优良的传统文化、民族文化造成严重冲击。这些非主流意识形态因为其"草根"特征快速流传，改变民众的思想，成为一股强劲、特定的社会力量，对主流意识形态构成威胁。④ 薛焱也认为，以"历史虚无主义"为典型代表的非主流意识形态不但扰乱了人们对基本历史事实的认知，还影响了

---

① 聂立清. 社会信息化与我国主流意识形态认同的构建［J］. 领导科学，2010（8）.

② 李炎芳，郭明飞，杨磊. 微时代的意识形态认同危机及其治理［J］. 江西社会科学，2014（6）.

③ 蔡泉水，赵松. 博弈视角下新媒体对主流意识形态认同的挑战［J］. 中共南昌市委党校学报，2016（2）.

④ 冯刚. 新形势下意识形态相关问题研究［M］. 北京：光明日报出版社，2014：156.

人们对社会现实、未来的研判，模糊了人们对社会道德、正义良知等基本价值观念的理解和认知，混淆了真与假、善与恶、丑与美、是与非的界限，极大冲击主流意识形态，使其主流意识形态的价值导向功能被削弱了①。于春江对新自由主义对青年主流意识形态认同的影响进行研究，他认为：新自由主义使部分青年对于社会主义制度的信心发生动摇，改变了部分青年的集体主义价值取向，扭曲了部分青年的公平正义的观念。

（6）关于主流意识形态认同的现状

曹亚雄、王晶梅、濮云涛等一些学者探讨了大学生主流意识形态认同的现状。认为当前大学生的主流意识形态认同状况整体是积极、健康的，但也存在一定程度的虚假认同、反向认同、理论认同与实践认同相背离等问题。王晶梅总结了当代大学生主流意识形态认同的基本特征：一是基于认知的浅层认同凸显；二是情感在认同过程中的作用突出；三是认同的不稳定性表现明显；四是主流意识形态反向认同有所显现。另一些学者分析了青少年对社会主义意识形态认同的现状和问题。陶利江认为，青少年主流意识形态认同存在如政治意识淡化、概念化认同、反向认同等诸多问题。王茵认为，目前我国青少年对主流意识形态认同存在概念化认同、教条化认同、书本化认同等问题，只讲抽象理论，忽视实际需要，片面地把主流意识形态局限在概念、理论、书本层面，忽视内容②。这种文本认同导致实践发展的模式化，制约了马克思主义的生

---

① 薛焱. 认同竞争：意识形态功能维度的较量 [J]. 武汉理工大学学报（社会科学版），2016（5）.

② 王茵. 青少年主流意识形态认同中存在的问题及原因 [J]. 学校党建与思想教育，2010（1）.

命力，僵化了人们的思想行为。吴春梅、郝苏君等对农民群体进行实证调研，他们指出，新生代农民工具有群体差异性特征，整体上是积极向上的，但存在对主流意识形态认同的理解不够深、内化不够到位、信仰度不高等问题①。

（7）关于主流意识形态认同的建构路径与策略

钟君主张通过锻造信仰认同、增强理论认同、汇聚价值认同、凝聚利益认同、形成话语认同、营造情感认同等六大认同，切实增强人民群众对社会主义意识形态的认同②。胡小琳从心理认同角度提出四种途径：依据受众认知结构的变化，构造和完善与图式契合的意识形态理念；依据受众对主客体关系的感受，培育和激发正向的意识形态情感；依据受众的需要层次分析，巩固并加强意识形态保障体系的建设；依据行为强化对观念形成的作用机制，深化对意识形态的行为引导。陈霞、王彩波提出从价值认同、利益认同、制度认同三个方面增强民众的意识形态认同度。加强主流意识形态传播，提升意识形态价值认同；加强社会保障建设，提升意识形态利益认同；完善法律制度建设，提升意识形态制度认同。王淑芳认为解决认同危机的出路在于必须回归马克思主义的开放性、创新性、生活性品质；从事理论教育的人要"真信"，理论教育的内容要"真可信"；理论教育要避免急功近利，理论工程要坚持持久战；最关键的是要打牢理论教育的实践基础，在改革发展中解决整个社会和高校存在的深层次问题。冯刚认为，要有效发挥主流意识形态的引领与整合功能，一是传播中的差异化和分众化，采用不同阶层社会

---

① 吴春梅，郝苏君. 新生代农民工主流意识形态的认同研究［J］. 科学社会主义，2012（2）.

② 钟君. 增强对社会主义意识形态的六大认同［J］. 红旗文稿，2015（15）.

成员各自易于接受的方式，要有创意、有策划地开展宣传教育，创新内容和形式，不断提高主流意识形态的认同度、亲近度；二是注意传播中的精细化。张润枝、陈艳飞提出主流意识形态文本转换的建议，从当代青年实际特点出发，转换文本的内容、形式、语言等，唤起青年积极的情感体验，要不断完善网络文本，充分挖掘视觉文本的时代价值，要与当代青年的话语体系相结合。

（8）自媒体时代与大学生主流意识形态认同的研究

国内关于自媒体的概念、种类、特征和对大学生意识形态认同的研究还处于起步阶段，直接相关的研究成果并不多，截止到 2019 年，以"自媒体与意识形态"为篇名在中国知网上检索到文献十余篇，其中明确提出自媒体与意识形态相关内容的，有 9 篇论文，研究自媒体时代大学生主流意识形态认同相关内容的有 3 篇。可以看出关于自媒体与意识形态的相关研究成果在近年呈增长趋势，日益受到学者们的关注。

第一，关于自媒体的概念界定目前还没有一个确切的定义。多数的观点将自媒体聚集到了"自主性""平民化""新技术"等这几个关键词上。吉卫华、杜丽婷在《从微博看自媒体时代信息把关的变化》中认为，"自媒体"是网民自主发布信息的新媒体。张彬在《对"自媒体"的概念界定及思考》中指出，利用以博客为代表的网络新技术进行自主信息发布的那些个体传播主体即为自媒体。张永伟的表述则更为简略，他认为自媒体是指依靠新兴技术、能够实现接收与发送信息的大众传播工具。

第二，关于自媒体的特点。自媒体有着传统媒体所不具备的许多特点。如平民化、个性化；门槛低、运作简单；交互性强、传播迅速；良莠不齐；可信度低。

第三，关于自媒体对大学生意识形态认同带来的影响。朱丽认为自媒体为高校意识形态教育提供了全新的载体，有利于提高高校意识形态传播的便捷性，增强高校意识形态教育的针对性，拓展高校意识形态教育的发展平台并且优化高校意识形态教育的功能。同时也分析了自媒体环境下意识形态教育所面临的困境：教育实施者主导地位的弱化、受教育者对主流意识形态的淡化、教育环境的复杂化、教育监管评价体系的滞后性，并分析了自媒体环境下加强意识形态教育的路径：加强教师队伍意识形态建设，提高受教育者对主流意识形态的认同及意识形态的鉴别能力，建立健全自媒体监管引导机制，拓宽教育空间，切实发挥"两微一端"的主流作用。王超、张红霞认为自媒体开辟了新的领域，提供了新的载体。自媒体的传播内容削弱了高校主流意识形态教育的导向作用，自媒体的传播方式增加了高校意识形态教育的工作难度。仇志伟认为自媒体是一种由科学技术发展助势而成、具有较强个人映射性、反映社会精神文明与民主程度提升与进步的媒体平台，自媒体基本形式包括博客、论坛/BBS 等网络社区、微博、微信、直播，而且自媒体具有大众化、个性化、多样化、碎片化、自主化以及即时化等特点。自媒体具有信息发布与获取、社会交往、社会监督以及娱乐的基本功能。

第四，关于自媒体时代增进大学生社会主义意识形态认同的对策，学者们提出了很多建设性的对策。张明平提出要转变理念思路，增强教育的亲和力、创新话语体系，增强教育的吸引力、着力理论创新，增强教育的阐释力、加强平台建设，增强教育的引导力。薛丽敏认为高校对自媒体影响有限，疲于应对，自媒体成为西方意识形态的重要传播路径，对教师整体素质提出了更高的要求，因此采取的对策主要有强化党对高校意识形态教育的领导权和话语权，打造复合型专业化的教师团队，搭建自媒体平台拓展教育渠道等。赵传珍认为要尊重大学生的个性化发展，建立高素质的辅导员队伍，不断完善各项制度，营造良好的校园氛围。吴艳冬认为自媒体的基本特征包括即时性、开放性、流行性，并进一步阐述了自媒体带来的隐患危机，包括主流意识形态整理流程的阻挠反应、社会信息混杂遗留的隐患问题，提出了改善大学生主体意识认同格局的措施：调整自媒体内容在思政教学工作中的正面辅助功效，主动开发具备亲和力；统一功效的交流平台，建立必要的监督和管理机制。何庆庆认为自媒体冲击着大学生的价值观念，自媒体弱化了大学生主流意识形态认同，自媒体削弱了高校思想政治教育的功能，造成的原因主要有社会环境的整体变迁、高校对自媒体监管不力、大学生媒体素养偏低，要提升大学生媒体素养，培育意见领袖，壮大人才队伍，加强监督管理，弘扬社会主义核心价值观，引领大学生价值取向。聂智提出教育理念上应注重双向沟通以及话语转型，教育内容上应着力提升公信力、说服力、解释力和吸引力，教育方法上应倡导隐性传播，实施"两面提示"，强化认同。

　　第五，关于网络新媒体环境对社会主义意识形态认同的研究。对于自媒体时代大学生社会主义意识形态认同研究，还可以借鉴参照学者们关于新媒体媒介环境、互联网对大学生社会主义意识形态认同的影响的相关研究，以及关于大学生网络思想政治教育的相关研究成果。在研究中，国内学者普遍认为新媒体与传统旧媒体之间的关系不应该是悖反或颠覆，而是传统媒体的补充与延伸。学者们对传统媒体的概念内涵的界定进行了顺延，从外延和内涵两个方面形成对新媒体概念的界定。

　　在新媒体对大学生社会主义意识形态认同相关研究中，黄海认为新媒体是在互联网技术和数字技术的基础上发展起来的媒体形式，它从根本上改变了信息传播方式，具有与传统媒体极为不同的传播特点，主要表现在传播主体的"去中心化"、传播方式的"无屏障化"、传播环境的"趋虚拟化"、传播内容的"趋感性化"，并分析了新媒体环境下大学生主流意识形态认同的困境：新媒体削弱了高校主流意识形态的"话语权"，降低了高校主流意识形态教育的"实效性"，威胁到高校主流意识形态的"安全"。针对这些困境阐述了在新媒体下增强大学生主流意识形态认同的路径：不断推进理论创新，增强主流意识形态的说服力；强化思想阵地建设，扩大主流意识形态的影响力；加强思想教育队伍建设，提高主流意识形态的战斗力；加强信息舆情监督，强化主流意识形态的控制力；完善话语方式，增加主流意识形态的亲和力。梁娟认为社会大环境、父母、学生个体及媒体与网络是影响学生主流意识形态认同的最主要因素，并提出相应的对策，主要有掌握传播新特点，增强传播教育的引导力和说服力，提升网络思想政治教育队伍水平，发挥高校思想政治课堂主渠道作用。刘纪英认为随着新媒体时代的到来，信息传播更加便捷、迅速，新媒体使主流意识形态的生存环境发生了改变，主要表现在由"务虚"转向"务实"，由"元叙事"到"小叙事"，从"一元"到"多元"。在新媒体时代主流意识形态认同出现了危机，它的现实表现在于加大了对主流意识形态的冲击力，削弱了大学生的行为自我约束力，弱化了主流意识形态的舆论控制力，并且提出了新媒体下构建大学生主流意识形态认同的路径：创新理论体系，增强吸引力；合理利用新媒体，扩大影响力；优化网络生态环境，提升感染力；加强高校思想政治教育，强化渗透力。张桂芬从大学生主流意识形态教育的内容、方法、途径三个方面提出了具体措施，从而提高大学生主流意识形态认同培育的实效性，更好地占领新媒体思想政治教育的新阵地。陈第华认为新媒体不仅仅是一种先进的传播媒介，而且带来了一系列新的理念。加强主流意识形态高势位建设是高校在新媒体境遇中的必然选择，要进一步推动主流意识形态科学化，同时要充分利用新媒体平台，始终将主流意识形态教育置于关系社会主义事业兴衰成败的高位。在互联网环境下主流意识形态认同的相关研究中，徐江飞分析了网络主流意识形态在三个不同层面即政治思想意识、法律思想意识以及社会道德意识上的不同特点。阐述了主流意识形态认同在网络环境下面临的挑战：首先是网络的迅速发展对我国主流意识形态认同的现实挑战，表现在网络的开放性引起的威胁，网络技术上的相对落后对我国主流意识形态认同的威胁，西方国家在网络中的信息话语权威胁着我国意识形态认同；其次是网络空间中意识形态的多样性对主流意识形态认同的威胁，主要包括新自由主义论、中国"威胁论"、意识形态终结论、消费主义论；再次是网络空间中的网络文化和"反权威"对主流意识形态认同的威胁。从而要转变意识形态建设的观念，关注和解决好国内具体问题这一实际是搞好意识形态认同的现实基础，加强意识形态人才队伍建设，注重网络空间中的文化建设，抵制不良网络文化。沈雁艳认为以网络为主流意识形态认同带来了机遇，丰富了认同的构建方式，创设了虚拟实践平台，推动主流意识形态理论体系的完善与创新。另一方面，网络为主流意识形态认同带来挑战，主要表现在西方话语霸权的威胁、多元意识形态对主导地位的冲击、网络信息传播模式削弱主流引导力、复杂网络舆论消解信仰认同、网络信息挤压认同时空等方面，提出了要强化网络时代主流意识形态认同的构建原则，包括牢牢把握主流意识形态领导权，正视一元主导与多元并存的格局，顺应网络时代发展的基本特征，把握认同生成逻辑的基本规律，要提升认同主体的素质与能力，优化主流意识形态理论体系，优化主流意识形态认同环境，丰富主流意识形态认同方式。郑洁、陈一樟分析了网络环境下大学生对我国主流意识形态认同的现状，据调查结果显示，网络环境下我国主流意识形态在大学生群体中的认同程度总体较好，但也面临着构建的有效性仍需加强、主导地位受到冲击、理性整合难度加大、防御能力受到挑战等问题。因此需要从个体教育、认同内容、认同保障、认同途径、认同机制五个层面来增强大学生对主流意识形态的认同。谢文认为网络时代使大学生在日常生活中增强开放意识、全球意识、平等意识与参与意识等现代的先进化意识，可是网络信息也是鱼龙混杂，这些繁复的信息很有可能让大学生产生错误的思想价值观与政治思想，在网络时代加强大学生主流意识形态认同的对策主要有建设主流意识形态的网络化、创新大学教育模式、优化社会网络的环境，把握网络舆论主导权。李国强认为网络时代对大学生主流意识形态认同带来了挑战，主要有非主流意识形态的蔓延危及主流意识形态的主导地位，网络话语差异为意识形态认同建构带来了难题，并提出了对策建议：依托社会主义先进文化力量，传承社会主义核心价值观；打造主题宣传网站，把握网络舆论导向；净化网络传播渠道，优化网络文化环境；差异与多样相统一，把握思想发展规律。

（二）国外研究现状

1. 意识形态内涵的研究

国外意识形态的研究成果主要在哲学、政治学领域，以学理层面的研究为主。"意识形态"由法国思想家特拉西首次提出，在特拉西眼中，意识形态是一门"观念的科学"，并不是现代意义上的意识形态。

马克思、恩格斯得出了"虚假的意识形态"概念，从批判的角度科学地阐述了意识形态的本质属性，由此诞生了马克思主义意识形态理论。列宁丰富和发展马克思主义意识形态理论，紧密结合时代特征和共产主义运动的实际，把马克思主义理论首次变成社会主义社会现实，并通过共产主义国际组织让社会主义意识形态走向全世界。

"西方马克思主义"者对意识形态的研究主要有：马尔库塞把发达工业社会称为"单向度的社会"，把人称作"单向度的人"，阐述了单向度意识形态的基本特征，对西方发达工业社会的意识形态作了整体批判。弗洛姆认为意识形态是束缚人们思想的锁链，具有"社会性格"和"社会无意识"，认为它是"纯粹的幻想"。

2. 意识形态认同的研究

国外关于直接以意识形态认同为题的研究成果并不多见，还没有专门研究意识形态认同的著作，与之相关联的论文有泰勒的《自我的根源：现代认同的形成》、亨廷顿的《我们是谁？——美国国家认同面临的挑战》、哈贝马斯的《重建历史唯物主义》和《作为意识形态的技术与科学》、吉登斯的《现代性与自我认同》、曼纽尔·卡斯特的《认同的力量》、马尔库塞的《单向度的人：发达工业化会意识形态研究》、卢卡奇的《历史和阶级意识》、曼海姆的《意识形态与乌托邦》等。国外研究特点主要是：一是对意识形态认同的研究不明朗，处于隐蔽状态，很少明确使用"意识形态认同"的学术话语。"冷战"结束后，西方国家声称"意识形态终结"，大力宣传"普世价值"理论，意识形态相关研究混迹在宗教认同、国家认同、政党认同的理论研究中。二是具有很强的现实针对性和政治目的性。在研究导向上有浓厚的政治色彩，具有鲜明的政治目的，但在概念表述上淡化意识形态认同。三是注重实际，研究方向紧贴现实需求，对于信息时代的国家、民族、社区、个人以及工业文明的现代性高度关注。

3. 自媒体的研究

谢因波曼、克里斯威理斯两位学者在 2003 年 7 月发表的研究报告中提出了自媒体的概念，将之定义为"一种开始理解普通大众如何提供与分享他们本身的事实、他们本身的新闻的途径"①。早期自媒体以博客为代表，它以低门槛、易操作、形式多，能上传文字、图片、视频等内容吸引了大量受众。在所掌握的资料中，目前国外结合自媒体时代专门针对大学生意识形态认同的研究暂未发现。

近年来国外学者开始关注大学生对自媒体使用情况，进行了相关调查，调查显示脸书（Facebook）是美国和欧洲最受欢迎的社交网站。在所有社交网站用户中，92% 使用脸书（Facebook）（汉普顿等，2011年），71% 的成年互联网用户使用脸书（Facebook）（Pew Research Internet 项目，2014 年），67% 至 75% 的大学年龄的成年人使用 SNS。EDU-CAUSE 应用研究中心（ECAR）发现，90% 的大学生使用脸书（Facebook）的人占多数（58%）（达尔斯特伦，德布尔，格伦瓦尔德，和沃克利，2011 年）。平均每天在网站上花费超过 1 小时 40 分钟（Junco，2012 年）。脸书（Facebook）也是高等教育教师出于个人目的使用的最常见社交媒体网站。理海大学（Lehigh University）管理与创业实践教授约书亚·埃里克（Joshua Ehrig）提出 Z 时代（1995—2010 年）出生的千禧一代之后的群体，是与互联网紧密相连的第一代——他们从未离开过智能手机、Wi‐Fi 和社交媒体。2014 年，雷诺·朱昂科（Reynol Junco）在研究国外大学生使用社交媒体对学业表现的影响脸书（Facebook 为例）中发现脸书（Facebook）的使用与学业表现之间存在负面

---

① 陈海波. 美国新闻伦理研究［M］. 天津：南开大学出版社，2015：142.

关系，由此可见大学生对自媒体的使用需要正面的指导和建议。

（三）研究存在的问题和发展趋势

1. 研究存在的问题

学者们普遍意识到要关注大学生社会主义意识形态认同问题，并将国内外相关的文献研究和数据报告相结合进行综述，通过实证研究的方式试图开展论证，取得了丰富的研究成果，做出了积极贡献：其一，研究具有开拓性，引领了一批学者关注和研究意识形态认同问题；其二，研究中所得到的调研素材和研究结论为相关部门优化意识形态工作提供了重要借鉴。

从目前的研究现状看，学者们虽然取得了一些研究成果，但尚未形成系统的学术专著，研究的深化和拓展尚有较大空间。对自媒体的概念、种类、特征以及对大学生意识形态认同的研究还处在起步阶段，研究成果还不够丰富。这些研究成果具有重要的借鉴意义，但还存在不足，有待进一步的深化和拓展。一是将自媒体、大学生、意识形态三者结合来研究认同的较少，缺乏学理性分析，其解释力有待加强，仅有的文章停留在对主流意识形态建设的阐发上，从自媒体与大学生认同的角度出发的比较少。二是现有的研究大多偏向于对社会主义意识形态认同的现状、危机、对策的探讨，但意识形态认同问题既是现实性很强的涉及执政合法性、国家安全的问题，也是重要理论问题，需要对马克思主义关于意识形态认同的理论进行系统的研究和梳理，以此获得方法论指导。三是研究方法上学者们运用了理论建构和实证模型相结合进行验证，但在探寻中国大学生形成的本土性因素与原因分析的研究还有待加强。四是对于自媒体网络虚拟数字平台上的意识形态特质以及在现实物理世界的互动关联，还没有相对系统、深入的研究成果。五是对于自媒体时代大学生主流意识形态认同的对策分析和途径探寻的建设性与可操作性的对策还比较少见。

2. 研究的发展趋势

进一步拓展和深化意识形态认同的基础理论研究。从学科交叉的意义上，意识形态认同的研究需要涉及政治学、心理学、社会学等多学科的知识，认同本质上是一个心理过程，首先要进行心理学的研究和支撑，对马克思主义意识形态认同的理论进行系统梳理，从而获得方法论指导。同时，意识形态是观念上层建筑，属于精神文化的范畴，须探讨意识形态认同与文化认同的关系。意识形态是统治阶级赢取合法性，维系统治地位的极其重要的思想和理论资源，具有鲜明的阶级性，有必要深入探索意识形态认同和政治认同的关系。

进一步研究和找寻意识形态认同的新问题，提出新方案。迈入大数据时代，在数据成为最宝贵资源的背景下，如何利用海量数据做好社会主义意识形态认同的现状测评，并通过大数据提供的信息有针对性地做好社会主义意识形态认同的培育和构建工作，也是研究的新的增长点。

进一步拓展不同群体的意识形态认同研究。意识形态认同不能务虚，而要具体落实到社会的各个群体上。目前，研究意识形态认同的文章涉及农民工、教师等群体，而对公务员、企业职工、自由职业者等群体的意识形态认同研究还很缺失，对大学生这个特殊群体的研究也相对薄弱，亟待加强。

三、研究思路、研究方法和研究内容

（一）研究思路

首先，立足大学生在国家建设和社会主义事业中的特殊地位，阐明大学生社会主义意识形态认同的紧迫性与重要性，奠定研究的思想认识基础。继而阐述自媒体时代到来，大学生对社会主义意识形态认同出现了新的问题，自媒体带来了新的机遇与挑战，如何面对新情况，解决新问题，探寻新办法，提出了问题与思考，奠定了研究的现实基础。

其次，夯实研究的基础理论。一是系统梳理马克思主义经典文本，夯实社会主义意识形态认同的马克思主义理论基础。二是着重从认同的心理机制入手阐明社会主义意识形态认同的生成逻辑。

然后，理论研究与实证研究相结合，在理论研究与实证分析的基础上，对意识形态思想进行梳理，对中国、苏联社会主义意识形态发展的经验教训进行全面回顾与深入剖析，对全国高校大学生社会主义意识形态认同状况调查数据进行现状分析，通过调查研究把握当前自媒体时代大学生的社会主义意识形态认同现状，并运用心理学、思想政治教育学、社会学等学科的理论知识，深入分析其存在的问题及其背后原因，揭示自媒体时代的特征及其给大学生社会主义意识形态认同带来的危机。

最后，回到本研究的落脚点，针对现状和问题提出如何在自媒体时代更有效地提升大学生社会主义意识形态认同的路径与措施。探讨自媒体时代增强大学生社会主义意识形态认同应遵循的主要原则，遵循从应然到实然，以存在的问题为导向，探索从理念、内容和方法多个维度提出解决问题的新路径。

本书着眼于多角度比较，一是比较苏联、中国社会主义意识形态发展的经验教训。二是比较传统媒体与自媒体的特征差异及对社会主义意识形态认同的影响。三是比较我国传统高校意识形态认同教育与当今时代的自媒体主流意识形态认同教育在内容、方式、效果等方面上的差异。通过比较研究，寻求共性规律和个性差异，对深化自媒体时代我国大学生意识形态认同提供启示与借鉴作用。系统分析自媒体时代影响大学生社会主义意识形态认同的因素，在实证的基础上，揭示自媒体时代大学生社会主义意识形态认同应该遵循的基本原则和基本规律，找寻自媒体时代强化大学生对社会主义意识形态认同的可操作性的具体途径。

通过纵横对比进一步拓展不同群体的社会主义意识形态认同研究，使其兼具历史厚度和国际视野。纵向对比强调的是历史主线。以史为鉴，可以知兴替，社会主义意识形态自传入中国以来，大学生是如何认知、选择、接纳、认同社会主义意识形态的？中华人民共和国成立之后，在新的社会环境下成长起来的大学生又是如何构建起自己对社会主义的信仰和认同的？改革开放之后，新时代"网络一代"的大学生在增强社会主义意识形态认同上又有哪些有效的做法，通过历史梳理，才能得出答案。

横向对比注重的是国际视野。当我们放眼世界之时，既要看到西方发达资本主义国家在意识形态问题上的心口不一、"无名有实"，认识到西方国家软实力战略的核心正是扩张其标榜"自由、民主、人权"的资本主义意识形态。同时也要着重考察 20 世纪的苏联社会主义意识形态的演进与丧失，反思其在社会主义意识形态认同上的重大失误和教训，以为鉴镜。

通过新旧介体对比进一步拓展不同的环境下社会主义意识形态认同研究，使其具有变化发展的视野。

通过对比分析传统媒介与自媒体的特性、社会主义意识形态认同在传统媒介环境下与自媒体环境下的差异与变化，进一步认清自媒体时代的到来使社会主义意识形态认同遭遇复杂的环境，及迎来机遇又要直面严峻的现实，积极应对自媒体时代带来的冲击与挑战。

（二）研究方法

采用定性与定量相结合的研究方法，具体包括文献研究法、调查研究法、历史法、比较分析法。综合运用哲学、社会学、社会心理学、传播学的理论、方法，将哲学层面抽象的价值、价值观概念转变为能在社会学、社会心理学和传播学层面进行研究的具体的概念与变量。

采用调查研究法，对大学生社会主义意识形态认同现状进行调研访谈，采取问卷调研与网上问卷调研相结合的方式对全国 13 所高校大学生社会主义意识形态认同状况调查数据进行收集、深度挖掘和分析，得出具有现实针对性、可能性的研究结论。

采用比较分析法，既注重理论研究与实证研究的统一，也强调国内分析与国际比较的结合。系统分析自媒体时代影响大学生社会主义意识形态认同的因素，在实证的基础上，揭示自媒体时代大学生社会主义意识形态认同存在的问题，找寻须遵循的基本原则和规律，探寻自媒体时代增强大学生社会主义意识形态认同的实现途径。

（三）研究内容

第一，以马克思主义意识形态理论为指导，对自媒体时代、社会主义意识形态、社会主义意识形态认同等概念进行阐释，对社会主义意识形态认同发展的历史考察与经验总结，从自媒体时代大学生社会主义意识形态认同的现状入手，通过理论研究与实证研究有效结合，对自媒体时代大学生的社会主义意识形态认同现状做出全面、具体的分析，明晰大学生社会主义意识形态认同研究的逻辑前提。

第二，通过调查问卷、访谈等方法对 13 所全国高校大学生社会主义意识形态认同状况进行现状分析，进行理论建模和解析。对自媒体使用现状传播主体、内容、方式等进行分析。分析自媒体时代意识形态传播的现状与特征，厘清自媒体不同于传统媒体的新特征，从心理学的角度探讨认同主体接受、认同的生成机制，在实证分析的基础上，揭示影响大学生社会主义意识形态认同的主客观因素，分析出大学生意识形态认同存在主动性不够、内容不准确、情感不稳定、知行一致性不够等问题。

第三，总结经验教训，对苏联、中国的社会主义意识形态意识认同的历史经验教训进行对照比较，吸收有用的启发，同时，通过对国际形势的分析，阐释自媒体时代对大学生社会主义意识形态认同提供的新机遇和面临的新挑战。摸索社会主义意识形态认同的生成逻辑与规律，并将之与自媒体时代发展的特征相结合，从而对强化认同的构建原则与具体路径进行有益的探索，应该遵循主导性与多样性、理论性与实践性、虚拟性与现实性、继承性与创新性等原则。

第四，通过对面临的内部问题和外部挑战的整理，从解决问题入手，结合两者融合发展过程中产生问题的原因提出相对应的解决措施，从主体、客体、环境三个层面多角度探索自媒体时代增进大学生社会主义意识形态的路径选择与对策方案，为高校大学生社会主义意识形态教育的实效性研究提供新思路、新见解。从增强社会主义意识形态国际话语权、提升意识形态自身吸引力与感召力、构建约束自媒体的法律法规体系、优化社会主义意识形态认同环境、提高高校网络思想政治教育的实效性、提升大学生自身的政治鉴别力与自媒体网络素养、营造良好自媒体平台舆论氛围等多个方面提出相应的对策与建议。

四、研究的重点、难点、创新点

（一）研究的重点

其一，综合多门学科知识，廓清社会主义意识形态认同的条件和规律。

其二，立足现状，从问题入手，把握意识形态认同的规律，分析自媒体的传播规律变化，进而探寻增强社会主义意识形态认同的新方法，优化解决途径的具体性、针对性、系统性。

其三，在急速发展的自媒体环境下，通过实证调研对青年大学生产生的反应进行跟踪了解。

（二）研究的难点

其一，相关概念的界定和区分。由于"意识形态"一词颇受争议，定义繁多，没有明确定义，人们似乎对"意识形态"存在历史上的认识偏见，如何对相关概念进行界定是其难点。

其二，建立大学生社会主义意识形态认同的理论与实践框架。

其三，如何紧密结合实证分析数据，探寻大学生社会主义意识形态认同的问题与原因，揭示其规律，并有效地应用于实践，这既是一个理论研究问题，也是一个重大的应用性问题。

（三）研究的创新点

第一，研究视角上，选取自媒体时代，并专注于大学生这一特殊群体，研讨其对于社会主义意识形态的认同问题，选题较具时代性和针对性，有比较重大的研究价值。高校一直是意识形态教育工作的前沿阵地，把高校马克思主义认同教育置身于自媒体时代中去考量，关注自媒体时代对个体认同心理及自媒体时代诸多新的特征是高校意识形态工作的重心。从已有的研究成果来看，以自媒体为视角系统研究大学生认同问题的成果还不多。

通过实证调研，发现存在的问题及成因，并据此提出对策建议，是本书的着力点，同时，力图系统探究自媒体对大学生意识形态教育的机遇与挑战，根据调研结果并结合工作实际，提出了相应对策建议具有一定新意。

第二，研究方法上，研究既注重理论研究与实证研究的统一，也强调国内分析与国际比较的结合。将通过对马克思主义意识形态认同理论的文本解读，对大学生社会主义意识形态认同现状采用问卷调研与网上问卷调研相结合的方式进行。在实证的基础上，系统分析自媒体时代影响大学生社会主义意识形态认同的因素，揭示自媒体时代大学生社会主义意识形态认同应该遵循的基本原则和基本规律，探寻自媒体时代增进大学生社会主义意识形态认同的可操作性的具体途径。

第三，研究内容上，立足于当前大学生的历史地位和特殊使命，从心理学、哲学、传媒学、政治学、网络思想政治教育学等多学科交叉的角度出发，从国际国内宏观层面寻找发达国家高校意识形态认同的经验，又从大学生个体微观层面对自媒体时代大学生意识形态认同形成的影响因素等进行深入研究。既从宏观层面把握社会主义意识形态认同提升战略，又从高校、学生个体层面探究提升大学生意识形态认同的现实途径。

（四）研究的不足

由于笔者的理论基础与知识积累不足，查找的参考文献资料有限，对社会主义意识形态认同的理论研究挖掘不够深入，有待进一步深化。另外，实证部分是在全国 13 个高校进行的，广度上还存在一定的局限。

在急速变化的自媒体环境中，力求对大学生群体产生的反应进行同步跟踪，但由于时间、精力有限，与预期目标还存在一定距离，这些都有待日后进一步深入研究。另外，有一些系统具有极强的隐蔽性，意识形态认同是一个多要素多层次的系统，还需要及时同步追踪向外显化的规律。如何充分认知、深刻把握规律，敏锐探寻增进意识形态认同的新途径和方法，还存在一定的难度。

第一章

自媒体时代社会主义意识形态认同的基本内涵

任何一项研究都离不开对该研究主题所涉及的基本理论问题的明确问答，这是开展理论研究的逻辑起点和必须回答的基础性问题。对自媒体时代大学生社会主义意识形态认同进行研究首先必须对研究论题所涉及的核心概念进行界定，这是研究的起点。本章旨在重点探讨自媒体、政治认同、意识形态认同、社会主义意识形态认同等概念。

第一节　自媒体时代概述

什么是自媒体？需要从广义和狭义的角度来界定，狭义的自媒体是指个人拥有独立账户，创作和传播内容的媒体。个人是作为内容制作的主体存在，由于媒体的"自我"不再狭隘，它可以被理解为"自我对话"。广义的自媒体是指不仅仅是个人创作，团体和企业创建微博、微信等皆可视为自媒体。国外"媒体"一词来自拉丁文"Medium"，它有两层含义：一层是承载信息的物体，是有形的，看得见摸得着；另一层是指存储、显示、处理和传递信息的实体。普通大众可以借助自媒体数字科技手段，像媒体一样生产并传播内容。自媒体以低门槛、易操作、形式多，能上传文字、图片、视频等内容吸引了大量受众。

从这个意义上讲，自媒体中的"自"有两层含义：一方面，从载体上来说，自媒体是自己的媒介，是以个人身份注册登录的专用媒介，比如微博、微信之类的媒介就是人手一账号；另一方面，变化的状态是自由的，广大人民是媒体信息和出版商的接受者，不受时间、地点的限制，即时接收，随时分享，他们的权利是自由的。自媒体时代的到来使得新闻发布传播的方式不再单一，改变了信息传播的主体和渠道，以此为基础，所涉及的领域越来越广泛，传统媒体平台的生存空间和影响力被逐渐挤压，曾经遥不可及的权威或权利被逐步分配到每个人的身上，个体可以通过各种形式进行信息传播。

"自媒体时代"是互联网技术从电脑端向移动客户端转移发展的必然结果。自媒体蓬勃发展与不断创新更迭，使人们在不知不觉中迈向一个新的时代——自媒体时代。每个人都有一个麦克风，既可以为个人、为社会、为国家发声，也可以作为信息的传播者。人人都是记者，人人都是传播者。只要愿意，每个人都可以把日常生活变成"新闻报"。信息的自由度得到很大程度的提升，新闻变得触手可及，自媒体上的每一个账号都是一个小型媒体，通过发表、转发、评论、点赞等方式，将每个个人或集体的信息、意见和态度纳入广阔的自媒体海洋，随时随地得到传播，媒体生态出现了前所未有的变化。

自媒体时代悄然而至，席卷全球，来势迅猛。2019 年 8 月 30 日，第 44 次《中国互联网络发展状况统计报告》显示，手机网民规模达 8.47 亿，通过手机接入互联网的比例高达 99.1%。我国网民中，学生群体最多,占比达 26.0% ①。根据《2018 微博用户发展报告》2018 年第四季度财报显示,微博月活跃用户增至 4.62 亿,连续三年增长 7000 万多,日活跃用户增至 2 亿,微博移动化趋势越来越明显,移动端月活跃用户占 93%,并越来越趋向于年轻化,23 岁到 30 岁用户占比最多,微博垂直领域覆盖达到 60 个,月阅读量超百亿的有 32 个。根据腾讯公布的 2019 年第一季业绩,微信(WeChat)的合并月活跃账户数达 11.12 亿,同比增长 6.9%。截至 2018 年 12 月,网络支付用户规模达 6 亿,较 2017 年底增长 13%,网民使用比例为 72.5%,手机网络支付用户规模达 5.83 亿,占手机网民的 71.4%,年增长率为 10.7%。如今,有很多基于视频通信的自媒体,如"秒拍""抖音""快手"等自媒体发展迅速,受到广大用户的青睐。自媒体时代的到来让人们可以足不出户地了解世界,人们已经离不开自媒体时代。

一、自媒体的演进脉络与发展趋势

(一)演进脉络

互联网的蓬勃发展击垮了传统媒体行业的垄断和特权地位,媒体权力被瓦解,从而衍生出了自媒体。在自媒体出现以前,开办一家媒体需要大量的人力、物力等,成本非常高。直到脸书、微博、微信等的出现,使得建立媒体更加简单化——每个人都是自媒体人,而每个企业都可以拥有企业的自媒体。

用数据说话(TalkingData)移动数据研究中心发布的《2016 自媒体行业洞察报告》显示,媒体行业的发展正在发生变化,显示出极其

---

① 中国互联网络信息中心(CNNIC). 第 44 次《中国互联网络发展状况统计报告》[EB/OL]. 中国网信网,2019 – 08 – 30.

丰富的形态变革。

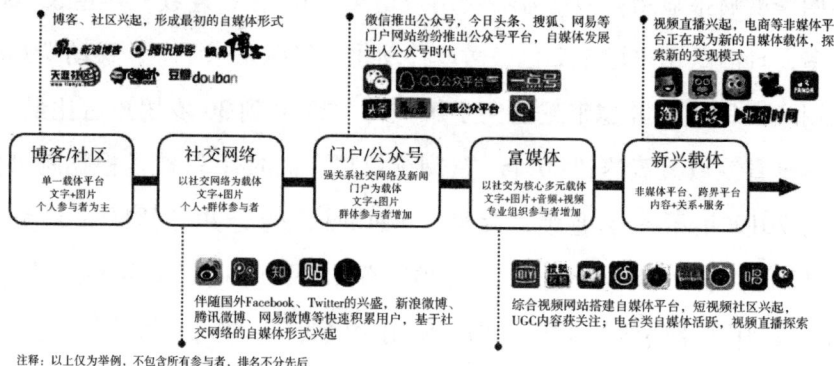

注释：以上仅为举例，不包含所有参与者，排名不分先后

图 1 - 1

媒体发展的历史也是媒体功能不断改进的历史。自媒体发展主要分为四个阶段：2009 年新浪微博的推出标志着自媒体萌芽阶段的开始，2012 年微信公众账号启动，自媒体从电脑端转移至智能移动终端。之后的两年，门户网站、电子商务平台等开始进入自媒体，自媒体呈现出多元化局面。自 2015 年以来，直播和短视频已成为自媒体发展的新热点，自媒体发展迎来新一轮升级。

1. 自媒体的兴起阶段

2000 年博客正式进入中国。博客所代表的自媒体门槛低，易于操作，并且可以上传文字、图片、视频等内容，吸引了大量的受众。从 2006 年到 2009 年，是中国博客最辉煌的时代，博客的快速发展引起了全世界的关注。播客、拍客的出现也使得自媒体打破了传统媒体对图像声音进行传输的独家特权，土豆网在 2004 年年底诞生。之后，在 2005 年 10 月到 12 月仅两个月的时间里，播客用户数量翻了一番。2010 年国内博客使用人数过亿，同期网民总人数有 4.57 亿人，约合每 4 个人中就有 1 个人使用博客。自媒体通过博客让普通民众获得了发言权。

随着无线互联网和 3G 新技术的不断发展，自媒体已经形成了非媒体平台与跨境平台融合发展的模式，智能手机的便利性让其快速成为承载自媒体的绝佳终端。信息传播的 5W 在智能手机中得到了最好的体现。新浪微博于 2009 年 8 月 28 日正式推出公测，86 天之内就收获了 100 万注册用户。八个月后，注册用户数突破 1000 万。移动微博与智能手机的完美搭配吸引了更多用户。大家都争先恐后地去参加全国编织"围脖"活动。一方面，微博的产生可以说是为公众提供方便、快捷和有趣的平台。在这一平台上，用户有机会分享自己的亲身经历，有利于表达自我、释放自我。另一方面，它能让公众更快地获取国内和国际新闻信息。一些早期的新浪微博的大 V，有一部分人赶上了时代的潮流，在行业中取得了成功，有的消失在互联网的浪潮中。2010 年 12 月 19 日，上海交通大学民意研究实验室在第三季度发布了《中国社会舆情反应能力评估报告》。报告指出，微博的出现，已成为企业和个人应对公众情绪的重要渠道。作为一种新的信息传播渠道，微博在舆论反应中表现出一定的影响力。随着微博的兴起，腾讯微博校园的高校新闻微博系统等大学教育平台也开始建立。

2. 自媒体的兴盛阶段

2011 年 1 月 21 日，腾讯推出免费应用程序，为智能手机提供即时通讯服务，即微信。微信的出现对传统的手机通信业务产生了巨大的影响，程序设计简洁明了、更加方便快捷、操作无负担，它改变了人们过去的沟通方式和生活方式。2012 年自媒体开始逐渐转向移动端。目前，中国的主要媒体平台包括微信公众号、头条号、微博、搜狐号等。到 2018 年，全国自媒体号总注册数约在 3155 万左右，其中微信公众号的注册数已超 2000 万，占据整个市场的 60% 以上。

自媒体带来的变化不仅仅是媒体载体从个人电脑向移动设备的转变，这种转变使得人们在不需要计算机的情况下，只需使用智能手机或电子产品操作即可。这直接降低了自媒体使用的门槛，扩大了使用区域，增加了覆盖面积，增加了自媒体参与者的数量，人们的行为和生活方式也随之发生变化。形式各异的自媒体满足了各行业各人们的不同需求。

3. 自媒体的壮大阶段

这一阶段主要表现在平台的多样化。门户网站、视频、电子商务平台等已经涉足媒体领域。微信公众账号开启移动终端，人们对互动、自我表达的需求越来越旺盛。由优酷、爱奇艺和 B 站（B Station）为代表的视频门户网站也开始向移动端转移。视频门户网站中弹幕功能的增加使得人们在看视频的过程中不再孤单，增加了趣味性，加强了视频和观众之间的互动性，以秒拍、抖音等为代表的短视频平台也随着移动终端的发展而发展。以淘宝和微商为代表的电子商务也开始以自媒体的形式推广自有品牌。这一时期的自媒体是以社交为核心的多元载体，所涉及的领域较为广泛，在与别的自媒体相互结合、相互影响中得到丰富拓展，还带来了社会效益和经济利益，创造了更大的空间。

4. 自媒体的新兴阶段

由于自媒体内容的多样化、丰富性，以及平台的多元化，人们在与自媒体互动的过程中产生更多需求，发展热点也随之发生变化。越来越多的自媒体从业者涌现出来，呈逐年递增态势，特别是在 2014、2015年出现了井喷式增长，到 2018 年，我国约有自媒体从业者超 260 万人。

网络直播平台的诞生实际上是人们希望与媒体人的生活有更直接的

联系，也希望评论对话是实时的。通过这种方式可以仔细了解人气主播或者大 V 们的生活方式，也希望自己拥有一个平台，可以在多个方面展示自己。每个身处在自媒体时代的人既是大 V，也是粉丝。短视频的发展也是人们对媒体内容需求的演变。人们对短视频的内容、类别、乐趣和独特性有着更深刻和更广泛的需求。作为代表人物，papi 酱和李子柒等微博红人都拥有数百万甚至上千万粉丝，他们找到一种新的职业和盈利能力，是自媒体时代发展过程中出现的第一批佼佼者。目前，自媒体的发展格局已初步形成。这些主流自媒体有一个共同点，那就是大多拥有上千万，甚至上亿的用户量。

脸书（Facebook）、推特（Twitter）、Instagram、Line，这四款世界最著名的自媒体平台，拥有了二十多亿的注册用户。世界上约每三个人中就有一个人是这四款应用中任意一款或几款的用户。若除去中国和较为落后的非洲地区，这些世界主流自媒体的用户比例更高。脸书（Facebook）成立于 2004 年 2 月，2012 年就成为全球第一大社交网站，是世界领先的照片分享站点，2017 年第二季度，脸书（Facebook）的月活跃用户首次超过 20 亿。Instagram 是一款在 IOS 平台上运行的移动应用程序，可以通过快速、美妙、有趣的方式随时共享人们捕获的图像，Instagram 属于图片流自媒体。2012 年脸书（Facebook）收购了 Instagram，借助推特（Twitter）、脸书（Facebook）、Flickr 相对成熟的用户关系，使得 Instagram 的发展也相当迅速。目前脸书（Facebook）不仅丰富了原来的服务网站，还开发了移动手机 App 客户端。推特（Twitter）可以说是美国第二大社交服务媒体平台。新浪微博 2014 年在美国上市，当时推特（Twitter）无论是在用户数量、用户活跃度、用户增长速度，还是营收总额、移动广告、估值收入等方面都处于压倒性的优势，更加大众化，门槛更低。Line 作为后起之秀，没有因为美国自媒体巨头和中国微信、微博的发展而停止脚步，其发展反而出乎意料。2011年 6 月 Line 正式推入市场，目前其全球注册用户已经突破 10 亿。除了韩国数千万用户外，Line 的主要市场还分布在日本、中国台湾、东南亚等国家和地区。虽然 Line 目前的用户数量还达不到微信的水平，但其国际化进程和国际影响力是微信可望而不可即的。微信和 Line 都诞生于 2011 年，是自媒体平台的新星。不同于 Line 的以国内为辅、国外为主的用户增长模式，微信更多是依靠国内巨大的人口市场，到 2019 年，微信的活跃用户已经超过了 10 亿，国外用户虽已经超过了 1 亿，已覆盖全球 200 多个国家和地区，拥有 20 多种语言，但其中不乏有很多是华侨、留学生等，这与微信真正实现国际化的期待还有点远。

（二）自媒体未来发展趋势

我国自媒体经历了十多年的发展历程，技术上已经逐渐成熟，市场逐渐趋于饱和，发展速度开始放缓了。泡沫终将破灭，行业愈加理性，自媒体优胜劣汰也将势在必行。自媒体的发展在哪里？前途在哪儿？这是需要思考的问题，简单的浏览传播已经满足不了大众的需求，除了通过自媒体获取信息咨询，人们更愿意亲自体验，有参与感、归属感，这就需要更新的形式、更高的技术以及颇具创意的内容才能博得更多的人流量和关注度。

其一，提升竞争力走出国门。中国的自媒体起步时间晚，发展还不成熟，今后的发展，要通过跨界等方式实现资源的整合，参与世界竞争。这样，一来可以检验自身的发展水平，二来可以通过竞争来发现自己的不足，从而改善自身，促进自己的发展。

其二，提升自媒体的质量水平。脱离了自媒体用户，自媒体平台也就没有存在的必要。出于同样的原因,离开媒体平台的用户将无法传播他们的媒体信息。自媒体人的知识需要扩展,需要认真对待垂直分割领域,提高版权意识,这都不断考验着自媒体人的发展。只有通过市场竞争实现优胜劣汰,提升自媒体发展的整体水平,才能使自媒体平台有一个良好的发展环境。

另外,一旦自媒体进入全职专业领域,就会出现一个非常现实的问题,即商业实现的问题。自从自媒体商业模式萌芽和发展以来,利益的分配机制,已经成为一个亟待解决的问题。随着自媒体的变现逐渐多元化,媒体的盈利模式逐渐多元化,自媒体利润的实现成为现实,当前的自媒体人可以通过不同渠道获利,从而促进媒体的再发展。

其三,营造包容开放的自媒体环境。由于自媒体不断挑战传统媒体,自媒体的主要形式已经成为新闻传播的支柱,平台管理员和政府部门要更好地规范行为并改进政策,以包容开放的心态去对待自媒体,而不是阻止自媒体的发展。

二、自媒体的表现形式、类型与特征

(一) 自媒体的表现形式

自媒体具有多样性,以文字、图片、视频和音频等表现形式来传播信息,通常以一种或几种表现形式相结合的形式出现,表现形式丰富,信息量大,兼具实用和美观。大学生追求个性和时尚,自媒体的各种表现形式满足了大学生的需求,受到大学生群体的欢迎,不仅增加了大学生对其的依赖感,也增加了对大学生的吸引力。

1. 文字

文字是承载语言，记录和交流思想的图像或符号，文字使人类能进入有历史记录的文明社会，有了文字，人类文明才得以代代延续，文字也是人类信息传播的古老方式之一。传统媒体主要通过报纸、电视、收音机等方式进行信息传递，观众或听众被动接受，自己的观点、想法很难传递出去，也难以与外界进行交流、沟通，博客的出现打破了传统媒体对媒介传播渠道和所传播内容的控制，实现了信息两端的交互，它的本质是以文字、音频和视频的形式表达的网络日记，这一自媒体通过文字等方式实现信息交流的快捷和互动。微博上的文字类博主（比如情感类、故事类、新闻类博主）和微信公众号都是以文字为主要表现形式的自媒体。

微博是微型博客的缩写，也可称为句子博客。用户可以发布 140 字以内的信息，或通过网页的笔记本电脑（PC）版或客户端的移动版共享其他链接或图像，并逐步建立个人圈。微博是一种广播式的社交网络平台，通过互相关注、评论、转发、点赞机制共享短暂的信息。2007年，Fan No. net 开通了中国第一个拥有微博色彩的社交网络。

到 2009 年，新词"微博"已经成为世界上最广为人知的词汇之一。新浪在 2009 年推出"新浪微博"内测版，标志着微博正式入驻中国生活，开启了自媒体的大门。微博在大学生群体中间受到广泛欢迎的原因在于它既具备 QQ、微信的即时通讯功能，而且还能提供大量的热门资讯，让用户拥有很舒适的体验感，具有其他媒体平台无法比拟的优势。除了和朋友的日常交流、分享，微博中最常用的是关注日常生活中很少见到的名人，如商界名人、娱乐名人和某些圈子里的人。

微信是张小龙所带领的团队在 2011 年研发并推出的一款为智能手

机提供即时通讯服务的免费应用程序，旨在为智能手机提供即时通讯服务。微信突破了以往的技术，以跨通信运营商、跨操作系统的技术优势迅速收获了一大批忠实用户，它通过共享媒体内容和 LBS 功能引进"朋友圈""漂流瓶""摇一摇"等插件，让用户获得更有趣的体验，版本的不断更新以及"小程序""视频动态"等功能的添加，更加方便了人们的工作、学习和娱乐。微信可以通过 QQ 好友和手机联系人添加好友，可以将更多的联系人集成到一个软件中。它改变了添加朋友时输入数字和存储名称的复杂步骤。这对于寻求快速便捷、有趣时尚的大学生来说非常有吸引力。再加上朋友圈、游戏中心、表情商店、手机充值、滴滴打车等有趣实用的新功能的开发，使得微信成为大学生的新宠。

2. 图片

图片往往是对当下的静态记录，是对时光瞬间的定格，具有直观明了的特点。以往的图片是以胶片为载体，以纸质媒介为主要展示平台，在互联网和智能手机还不是那么普及的年代，印刷业是最发达的行业之一，人们主要通过杂志、报刊、电视等途径获取信息，而且照片是有形的，看得见，摸得着的，图片的获得和传播掌握在少数人手里。随着数字技术的发展，图片的保存和展示形式发生了巨大变化，不再局限于报纸、杂志等纸质版的媒介，图片在电脑、银幕、手机等非传统的传播媒介中出现，得到更大范围的传播。网络技术和社交平台的变革以及智能终端的普及，使得图片的获取不再艰难，除了相机、绘画之外，每个人都可以通过手机来拍照，这成为自媒体传播信息的重要表现方式之一。在自媒体时代，人人都能成为艺术家，越来越多的人愿意以图片的形式分享自己的生活和故事，很多新闻类媒体、时尚类微信公众号也以组图加文字的方式进行报道和推广，这些图片有的是通过专业相机拍摄传到平台的，有的是通过手机拍照并经过简单修图上传到网络的，自媒体时代图片记录和传播从纸质转向屏幕。

Instagram 是一个典型的以图片社交为主的自媒体平台，是一款移动端的社交应用，用户可以随时随地拍自己想拍的照片，选择应用提供的各种滤镜样式，然后通过这个应用实现即时分享，并且可以分享到别的平台，比如脸书（Facebook）、推特（Twitter），甚至微博，除此之外，还有许多社会化的元素加入里面，用户可与认识或不认识的人建立好友关系，只需互相关注即可，对自己所钟爱的内容进行分享和收藏，操作简单便捷，设计人性化，之后添加了视频功能，能够自由有趣地通过图片和视频建立网上社交正体现出 ins 最大的服务价值。

3. 视频

网络直播是自媒体中使用视频传播信息的一种表达方式。随着互联网技术的创新和网络直播平台的不断发展。以映客、斗鱼、企鹅电竞、虎牙等为代表的网络直播平台在 2016 年开始大热，出现火爆局面，具有内容丰富、范围广泛等特点，广受大众欢迎，直播迎来了真正的高峰期，并在 2016 年实现了"突飞猛进"的增长，渗透率非常高。每个人都可以成为主播，网络直播充分利用互联网即时、海量、直观等一些特点，把握不受时间地点限制的优势，实现了随时随地直播和观看，具备了体验感生动直观的特性，形成了"无人不直播，无处不直播"的直播现状。

随着网络直播用户的增多，市场规模的不断扩大，问题和缺陷也逐渐暴露出来。首先，直播的内容类似，模式单一，有创新的内容少，甚至主播个人"吸粉"的能力远远大于平台。所以说，良好的主播是平台最重要的资源。第二个方面，因为直播平台没有门槛，是开放的，面临监管漏洞，网播也面临着越来越大的风险和混乱现象。此外，网络直播让主播有了展示个人个性的机会，同时也为公众意愿的释放提供了平台和新渠道。它加强了"人人都是媒体"的现状，但也导致了泛娱乐的现象。网络直播在创新视频利用方式、娱乐大众的同时，也出现了许多亟须解决的问题，因此要不断完善视频作为自媒体表现形式的创新和维护。《第44次中国互联网络发展状况统计报告》指出，截止2019年6月，网络直播用户规模达4.33亿，占网民总量的50.7%。各大平台积极推动"直播+"布局，与电竞、综艺、文化、旅游、教育等产业相结合，努力构建多元化、差异化、高品质的直播生态体系。[①]

从笔记本电脑（PC）端到移动设备，短视频行业迎来了快速发展，手机使用频率的增加为短视频的传播提供了良好的平台。随着5G时代的到来，使得短视频的发展得到了全面展开。快速发展的短视频应用包括"快手""抖音""美拍"等，一些业内人士关注短视频，如"二更""一条"等，他们一直受到公众的喜爱和推崇。短视频具有时长恰当、快速简洁、主旨鲜明、信息承载量高、演绎生动活泼、制作成本低等优点，它允许人们利用分散的时间在紧张的工作和巨大的生活压力下放松自己。根据中国互联网络信息中心（CNNIC）发布的最新统计报告，截至2019年6月，各种短视频的用户数已经达到了6.48亿，占网民各种网络应用使用率的75.8%。

高质量的内容已成为各平台的核心竞争力，在线视频平台已经开始关注节目内容质量的提高，自制内容也变得更加精致。为此，每个短视

---

① 中国互联网络信息中心（CNNIC）. 第44次《中国互联网络发展状况统计报告》[EB/OL]. 中国网信网，2019-08-30.

频平台都加强了与高质量 MCN26 机构和精英的合作，以创建高质量的专业制作内容（PGC）和驱动用户制作内容（UGC），来共同生产更优质的内容。

4. 音频

根据易观智库的统计，超过 1.3 亿人已经使用了"听书"功能。中国 200 多个网站平台开启了"听书"功能。2018 年，有声读物用户规模达 3085 亿人。宏观环境的推动有利于有声读物的发展，有声读物的兴起和发展也推动新领域的发展，对宏观环境的布局产生有利影响。喜马拉雅 FM 成立于 2012 年 8 月，如雨后春笋般涌现，并成为音频市场的主导，手机客户端随后在 2013 年 3 月推出。仅仅一年半时间，其软件的下载和使用已超过 8000 万。2018 年喜马拉雅 FM 用户规模已突破4.8 亿大关，市场占有率超过七成，是整个音频领域中的佼佼者，预计到 2020 年，市场规模将达到 78.3 亿元。① 目前平台上已超过 55 000 个认证主播，不少于 1000 万个声音，其中包括 5000 多个自媒体。App Store 的长期排名约为 50，已成为互联网音频阅读综合平台市场的黑马。目前有 20 万左右的自媒体大咖和 500 万有声主播入驻平台，此外，新浪、第一财经等和肯德基、纽崔莱和杜蕾斯等 200 家媒体和 2000 个品牌也进入了喜马拉雅 FM 平台。

将自媒体的各种平台和载体综合起来进行分析会发现，自媒体的表现形式归结起来就是文字、图片、视频、音频这四类，看似传统但一直在不断创新，但万变不离其宗，只不过是在使用过程中，侧重点不同，应用范围不同，从而造就了这丰富多彩的自媒体时代。

---

① 在线音频行业崛起，2020 年市场规模将达到 78.3 亿元［EB/OL］. 央广网，2019 - 03 - 02.

（二）自媒体的分类

自媒体时代的到来，涌现出一大批不同类型的自媒体平台，这些平台由于定位不同、受众不同、发展重点不同，形成百家争鸣的局面，将其类别进行仔细梳理，有利于我们加深对自媒体的理解。

1. 按传播符号分类

根据通信符号的内容（即呈现的不同符号）对媒体进行分类，有以图形和文本为主的媒体、以音频为主的自媒体以及以视频为主的自媒体。

图文自媒体除了微博、博客之外，也有以文字、图片为主的微信公众号。这些自媒体平台主要是以九宫格图片组图，配以相对应的标题和文字，以此来获得人们的关注，增加点击率、浏览量。

音频自媒体的主要目的在于解放每个人的双手和双眼，通过声音触摸世界，传播的主要内容就是主题不同、声音特点不同的音频，比如火爆全网的喜马拉雅 FM、荔枝 FM 等。

视频自媒体主要以视频的形式发布内容，主要分三类：一是微博视频自媒体，将上传的视频转码，通过自己的账号上传到网络，根据自己拥有的粉丝数量以及后台的推荐来进行内容推广，以此获得关注、浏览量、人气，并获得收入；二是短视频自媒体，如现在用户急剧增长的抖音短视频便是最典型的代表；第三种是来自自媒体的网络直播，分为游戏、秀场、社交、电商等不同种类的直播自媒体。

2. 按运营主体分类

运营主体不同，自媒体的立场和视野不同，所体现出的理念就不同，以此为划分标准，将自媒体划分为三种类型，分别是个体型自媒体、企业型自媒体、传统媒体衍生型自媒体。

个体型自媒体，就是以个人为核心独立经营的自媒体，这种类型的自媒体主要出现在自媒体发展的初期，一人身兼数职，统筹协调，内容极具个人色彩，彰显个人品位和风格，是一个人思维和才能的代表。个体型的自媒体发展到现在，出现了许多以个人名义申请并以个人为主要表现形式，实则背后有团队支撑和统筹的自媒体，这样能更好地发掘个人的潜能并将其全方位地展示，使得产品内容也更加丰富和优质，技术更加成熟，为个人赢得更多的关注。

企业型自媒体是指专注于自媒体开发和发展的公司或者社会组织运营的自媒体，这种类型的自媒体比个体型自媒体更加专业，运营的体系更加成熟，操作程序更加规范，可利用的资源很多，具有不可比拟的优势。

传统媒体衍生型自媒体是指传统媒体为适应自媒体时代的潮流，为信息传播寻求更好的出路，开通一系列官方微信公众号、官方微博账号、官方抖音账号等传统媒体的衍生账号等，也就是衍生自媒体，以此拓展新闻传播渠道、提升时效性、获取关注度，比如人民群众所熟知的从央视新闻、《人民日报》等传统媒体中开发出来的丰富的自媒体账号。这些新闻单位在以传统媒体为主的时代就具有大规模的读者或观众，跟随时代发展脚步，及时创新，有利于自身的成长和进步，也进一步便捷了旧有观众的新闻获取，还会引发新的一批年轻人关注。

3. 按传播方式划分

这种方式是按信息的接收人群范围为标准进行划分，共分为两种。一种是封闭式自媒体，这种可以在媒体上首次看到的信息仅限于关注粉丝或社交朋友。比如就微信公众号而言，只有关注它的人才可以接收到它发布的信息，微信朋友圈也是同样的道理，只有两个人互相关注，才能看到对方在朋友圈所发布的各种内容，否则互不干扰，互不影响，这就是典型的封闭式自媒体。另一个是推荐式自媒体，第一次可以看到的群体不仅可以有粉丝，还有对此感兴趣有偏好的非粉丝。同时，通过自媒体平台的推荐机制和算法，可以将其传输给相关组群。微博、抖音等视账号情况而定，一些大 V 或者是知名度较高的账号属于后者，普通账号只属于前者。封闭式自媒体的优势在于它更早发展。新手必须具备强大的策划技能才能快速积累粉丝，他们需要强大的财务支持。推荐式自媒体的优点是平台推荐机制可以及时向粉丝和有需要的群体传递消息，适合新手。即使没有大量的粉丝，也可以被推荐给大量团体。

（三）自媒体的特征

美国硅谷著名的 IT Blog 专栏作家 Dan Gilmer 在他的博客中把对自媒体发展的特点总结为以下几点：一是读者比作者知道得更多；二是自媒体发展是机会而不是威胁；三是利用自媒体的形式发起各种各样的讨论，使每个人受益；四是基于因特网的各种交互技术，例如电子邮件、论坛、博客和各种网站，正在推动上述三个发展。无论如何划分，与以前的媒体格式相比，自媒体具有独特的功能。

1. 自媒体的交互性与平民化

与传统媒体相比，实现人与社会、国家及他人的互动是自媒体的重要优势。传统的新闻媒体主要通过自上而下的线性方式将信息传播出去，这种信息传播方法是不对等的，传播者处于主动地位，而接受者处于被动状态，而且两者之间的互动较少，互动形式单一，速度较慢。自媒体的出现和发展改变了这种传统的信息传输模式，智能手机的普及促使其将互联网应用核心从中央服务器转移到手机客户端，所有建立在互联网节点的设备都可以实现信息的传递和交流，用户由此获得最及时、最全面、最准确的信息。这实现了网站与网站之间、网站与个人之间的互动和交流，用户既是观赏者、评论者、接收者，也是创造者、制作者、发布者，信息传播的渠道、方式不再单一枯燥，而是变得生动多样，每个用户的想法、声音、经历和体验都有权利通过网站发布出来，在网上传播，与别的用户产生碰撞、交流和互动。

自媒体的平民化首先体现在工具和载体的平民化，随着互联网和智能手机的广泛使用，人们对于信息的获取不再受时间、地点的限制，可以随时随地通过手机连接网络获得。其次，信息主体平民化，每个人都可以成为信息的发布者和信息的接收者，每个人都可以自由表达思想，展示才能。由于用户的准入门槛低，自由的创作环境激发了普通民众的兴趣和能力，信息的获取和传播不再为少数个人和集体垄断，使得舆论越来越真实，创作内容越来越具有创新性，虽然有时有所欠缺，但各种思想都有机会在自媒体平台上相互对抗、相互碰撞、相互影响。另一方面，自媒体是自我发展的记录者和见证者，每个自媒体用户都是社会中的一员，自媒体的发展壮大正是由一个个小我成长起来的。

2. 自媒体的开放性与碎片化

先进的数字技术可以在不受空间和时间限制的情况下传播自媒体信息，每个用户都可以通过网络在自己的媒体终端传播信息，自媒体的开放性越来越明显，没有媒介之间的阻隔，信息的传播可以不分行业、性别、种族、地域、时间的限制，每个个体或者集体把自己独特的想法充分表达出来，形成高度开放和自由的信息网络，为全球的思想和文化交流提供平台。随处可见的信号发射塔，独具特色的内容和即时的交互式通信方法极大地增加了信息流。它还提供了大量的信息增长可能性，各行各业的信息全都汇集于此，极大地丰富了网络资源。然而，与此同时，自媒体信息的速度和数量的迅速增加带来了许多缺点。由于每天产生大量的信息以及人们生活节奏的加快，人们在接收信息的时候更偏向于那种简单明了、碎片化的信息，而发布者为了拥有更多的关注，更好地抓住观众或听众的注意力，会在一定程度上迎合大众口味，从而进一步加剧自媒体信息的碎片化，另外信息的快速流动使信息传播过程难以掌握和监控，给信息传播管理增添了新的难度，使得收集网络上有价值意义信息的成本会额外增加。

社会上充斥着各色各样的自媒体信息，这些信息数量庞大，内容复杂，质量参差不齐。人们通常只能看到即时发布的信息，但是对于信息的真实来源以及可信程度了解并不充分。一方面，由于网络上可以隐藏身份，信息的发布者可以很容易地表达自己的意见，敢于大胆表达自己的观点。另一方面，由于不担心身份暴露，不负责任地发布信息、带有强烈个人情绪的言辞甚至扭曲的价值观，这使得一些不法分子和不道德的个人、团体乘虚而入，误导当代大学生。大学生年龄尚小，社会历练和经验不足，情绪极易受他人影响，缺乏理智和客观的判断，更无法验证信息的真假。因此，大学生在面对自媒体开放性、碎片化这一特征时必须提高警惕，增强辨别能力。

3. 自媒体的数字化与便捷性

数字化是媒体最基本的特征。移动互联网大范围、快速的发展，4G 技术的成熟以及 5G 时代的到来，让自媒体的传播速度变快，以前的互联网用户通常是通过笔记本电脑（PC）端上网，受空间限制较多。现在，移动终端和移动互联网之间的完美契合使互联网成为一个随时随地可以进行信息传播的媒介，信息传播变得极其容易简单。用户可以使用移动 GPRS 或 WLAN 连接到因特网以获取信息或在线购物。移动智能设备已成为互联网用户上网的主要终端。根据中国互联网络信息中心（CNNIC）2019 年的报告显示，截至 2019 年 6 月，手机网民达 8.47 亿，较去年年底增长 2984 万，这说明移动互联网的接入几乎占据了互联网用户生活的各个场景，成为移动互联网用户最为普遍的上网方式。除了白天正常的、比较碎片的娱乐休闲时间，睡前上网的用户也在逐渐增多，这表明电脑上网时间正在逐渐被移动上网时间所挤压。移动端上网以及对自媒体的关注和阅读已经逐渐取代传统媒体阅读，因其更加方便快捷，使得自媒体平台成为人们固定的日常生活习惯。

4. 自媒体良莠不齐与不可控性

自媒体随意性强，必然泥沙俱下，良莠具备。有的抒发感想心得，有的关注政治热点，有的仅仅是单纯记录生活的平凡琐事，不一定都富有营养。自媒体的媒体数量是巨大的，其大部分所有者都是"基层"平民，内容可信度低。有些人过分追求点击率、新闻发布的速度，以致在信息收集、编辑、发布过程中显得非常草率，不脚踏实地，这导致一些平民作家降低了他们的道德底线。这也导致了自媒体传输的信息的可信度低。

对自媒体管控的相关法律还不规范，可控性低。2005 年 10 月出现了一起南京大学陈唐法副教授对中国博客网络提起诉讼的案件。原告在中国博客网上发现了一篇名为"长裤子"的博客网页，上面有一篇《烂人烂教材》的文章，该文章公开对他施加"侮辱和攻击"。该案被称为"中国博客的第一例"。①由此可以看出，由于自媒体是宪法自由言论和言论自由的延伸，因此它自诞生以来就受到许多法律的限制。虽然

---

① 任志安，常安. 博客与美国言论自由保护之管窥——以苹果案为例 [J]. 绍兴文理学院学报，2009（6）.

中国有很多法律法规来规范在线活动，但他们只停留在管理网站这个表面，对于如何规范和引导自媒体发展，寻求两者之间的利益最大化，这需要全社会做出共同努力，是一个久久为功的过程，并不是一蹴而就的。

从以上对自媒体特征的分析来看，相对于西方"自媒体"的快速发展，中国的"自媒体"显然处于起步阶段，当代大学生应该学会在最自由的言论中表达负责任的言论，在不忘记义务的情况下行使权利，善用自媒体，让每一个自媒体都能健康发展。

5. 自媒体的全球化和去中心化

除以上特征外，自媒体与传统媒体相比，自媒体实现了互动交流。传统媒体采用线性沟通模式，以沟通者为出发点，与接受者进行单向线性沟通。自媒体打破时间、空间的限制，进行多向非线性传播，传播者和接受者不再坐等、被动地接收信息，身份更加多样化，信息量也飞速增长。信息快速传播，甚至回到创作者处回收利用，并且不断地通过现实验证其准确性。

6. 自媒体的多元化和个性化

与传统媒体相比，自媒体实现了"多对多""少对少""一对多"的传播态势。个人可以组建团队，提高工作效率，提升自己的品牌形象和影响力，形成新的传播态势。在传播中，优秀的自媒体会得到更大范围的认同和再次传播，从而获得更大的传播力和影响力。papi酱的短视频言语诙谐幽默，一人分饰好几个角色，带有明显的个人风格，截至2019年8月，微博粉丝数量已达到3094万。如办公室小野等，粉丝数量是数百万上千万人。他们的粉丝量匹配正是媒体组织的观众，从而形成一种新的"一对一"沟通。

7. 自媒体的大众化和自主化

与传统媒体相比，自媒体的简洁性和便捷性是传统媒体所无法企及的。它操作简单，不受版面布置、语言编排的限制。操作平台大众化，没门槛，不仅成为大众广泛参与的传播工具，而且成为大众及时接收信息和不受时空限制的信息源。广播、电视、报纸、杂志等传统媒体的建立和运行需要国家有关部门的核查和检查。需要数百万的财务资源，需要有一个复杂的组织来维护。自媒体个人用户可自由创建发布信息，自媒体不需要技术专业知识，没有成本，真正实现了"零技术，零成本，零编辑，零形式"。

与传统媒体相比，自媒体让人们拥有更大的自主话语权，有了自己的主动权去接受和发布消息。媒体信息在社会中的比例呈现出明显的增长趋势。据不完全统计，我国自媒体从业人员约有260万人。自媒体给人们提供了分享、交流的平台，使每个人都能够轻松地表达自己的观点，从而让人们都参与到信息的传播中。原来由精英阶层和传统媒体所把持的话语权全面放开，个人的意见受到尊重，整个社会也因此进入了平民话语权时代。

三、自媒体对媒介生态的影响

在媒体人看来，自媒体以外的媒体可以分为三类：第一种是传统媒体，如广播、电视、报纸、杂志等；第二种是互联网门户网站，如58同城等；第三种是渠道媒体。

自媒体的出现对媒介生态产生了影响，也已经逐渐改变了人们的生活习惯、品味情趣和认知态度，对人们的生活和工作产生了潜移默化的影响。人们过去常常将闲暇时间花在电视机前面或者阅读一些报纸杂志，还有一部分花在电话上。自媒体问世以来，人们花在电视上的时间大大减少，阅读报纸和杂志的时间越来越少。当你去公共场所时，会发现人们对手机最感兴趣，把很多的时间花在手机上，全然不知疲倦。根据调查，在中国拥有手机的人平均每天摸手机150次。

传统媒体的新闻报道不再像以前那样能直接吸引到公众眼球。因为面对自媒体，传统媒体上的报道，尤其是涉及公众类内容或突发性事件的报道，远不及自媒体来得迅捷，自媒体人和自媒体平台总是能抢先在传统媒体前面捕捉到信息并传递出去，为事情处理赢得宝贵时间；另外，传统媒体在与公众互动方面的能力显得极为有限，传统媒体将信息接收方定位为单纯的接受者，人们在消息面前没有表达意愿的机会和渠道，声音很难被人知晓，而自媒体不存在这些方面的问题，这是导致传统媒体逐渐萎缩的重要原因。

互联网门户网站是一种为人们提供各种互联网信息资源或提供信息服务的网站。它包括百度、搜狗等搜索引擎类网站，以及基于新闻、供求、行业导航的综合网站，如新浪、搜狐、赶集网等，当地生活门户网站也属于这类型的网站，如当地信息、同一城市的朋友、生活社区等。这些门户网站定位明确，功能齐全，使用方便，相同类型的门户网站形成了竞争关系，而自媒体是各类门户网站功能的延伸，并与各类门户网站形成关系友好的互动合作关系，各门户网站之间通过自媒体这个平台积攒人气，提高话题热度和关注度，从而收获经济利益，同时有所收获。因此，如果要说自媒体对互联网门户网站造成冲击，那一定是良性反应，是互联网技术对社会、企业和个人的回馈，随着门户网站的不断拓展，自媒体平台的扩展和多样化，两者之间更有利于结成紧密的利益共同体。

渠道媒体通常是根据在特定位置传播信息的运营商。它通常根据人们的生活习惯和生活方式选择人群聚集的地方进行信息传递。人们经常在特定环境中看到一些滚动视频剪辑片段或静态宣传材料，比如在电梯、公共汽车、地铁或医院、机场、超市、餐馆等场所。这些信息的载体是渠道媒体。与门户网站不同，渠道媒体和观众之间没有实时互动。但是，观众可以通过他们提供的电话号码进行交流以实现互动。从运营角度出发，渠道媒体更像是传统媒体和门户网站功能的扩展。自媒体对渠道媒体的影响甚微，自媒体对媒体生态的影响主要在于传统媒体。

有学者认为，从"防火墙"的角度来看，自媒体无法取代传统媒体。由于传统媒体的精细分工，可以在各部门之间建立"防火墙"。"防火墙"不是现实生活中的防火实物，也不是互联网技术方面的防火技术，而是基于法律和道德方面的自律。如果没有得到媒体的法律和道德限制，放肆让个人发泄自己的情感或思想，很有可能被一些别有用心的人利用，这将对社会产生负面影响。作为一个自媒体，自媒体人既是信息传播者又是经营者，如何做对做好也将是衡量媒体健康发展的关键。因此，未来仍会有一些自媒体消失，只有那些专业的自媒体才有生存的希望。

第二节 社会主义意识形态认同的概述

一、意识形态认同的内涵

意识形态是上层建筑的重要组成部分，作为思想先导，意识形态在传播价值理念，推进思想整合，促进政治认同等方面发挥着重要作用。

它是"社会解释工具"，具有为阶级和政治集团的政治合法性辩护的功能；是"精神支柱"，具有动员社会成员维护或巩固、破坏或摧毁某种社会制度的能力；是"社会水泥"，具有凝聚人心、统一思想的功能；是"社会晴雨表"，具有反映社会矛盾的功能；是"社会控制器"，具有引导社会价值走向从而为社会稳定有序发展营造良好氛围的功能。

（一）什么是意识形态

这似乎是一个不好理解的、抽象的概念。意识形态最初的内涵是通过想象来理解事物的方式或者是观察现实事物的一种思维方式。这个概念最初起源于弗朗西斯·培根的"四假象说"，他认为在现实生活中有四类假象一直在人的头脑中占据着位置，使得人们没法认识到事情真相，从而导致思想上的混乱、认知上的偏差，所以，为了形成科学的概念，获得正确的认知，人类必须尽力消除这四种假象或者错觉。在学术界，学者们普遍认为最早使用这一概念的是法国哲学家特拉西，在《意识形态的要素》这部著作中，他首次将"意识形态"表达为"思想科学"或者"观念学"，最终目的是想通过深入研究和探析"意识形态"的起源、界限和可靠程度等问题，为经济学、政治学、伦理学、教育学等学科奠定扎实的理论基础。在他眼里，"意识形态"的理论结构可以被视为合理的科学，甚至是真正的"第一科学"，它的主要任务就是研究知识的来源、边界、可靠性，指导人们改造社会。

历经五十年光阴之后，当马克思在与其他学者论战中运用意识形态的概念时，意识形态的内涵已经发生了根本性的变化。这时的意识形态是指一个人或一个群体心理中主导地位的观念和表现体系。马克思首先将"意识形态"视为非纯粹主体哲学的概念，赋予其科学内涵。事实上，马克思没有对"意识形态"这一早已出现于历史之中的概念做出明确定义，只是提出并应用了"意识形态"在不同历史时期和不同社会背景下的理论表达。许多学者根据马克思"意识形态"在历史背景中的实际涵义来理解马克思所提倡的意识形态概念，并从批判、中立和本体论的角度对其进行大致分类。马克思始终保持着对"意识形态"的动态理解和发展，学者们只能从马克思对"意识形态"使用的一些片段中了解到这一点，通过对马克思主义意识形态的研究，发现其大量的理论著作中，"意识形态"的内涵核心在不同的话语情景中有很大不同之处，但也存在着可以探求的共性，如意识形态与物质基础的关系、阶级属性的主动性等。这些共性在国内学者对马克思主义意识形态理论的研究中得到了广泛的认可。

例如，有学者认为，意识形态必然是社会意识的重要组成部分，是社会政治和经济制度的最深层、最真实的反映。郑永廷认为，意识形态是一种自觉地反映一定阶级利益的理论化的观念体系。[①] 宋惠昌认为，意识形态是一定社会或阶级基于自身根本利益对现存社会关系自觉反映而形成的理论体系[②]，包括政治、法律、道德、宗教等。

从意识形态产生的角度来看，意识形态是以通用的方式表达你的想法，并把它们"描绘成唯一合乎理性的、有普遍意义的思想"[③]。把群体的利益作为共同利益，以达到控制社会全体成员的思想和意识，试图保持其主导地位。其次，从社会组织结构与意识形态的关系来看，马克思把"意识形态"定义为一种有意识地反映社会经济形态和政治制度意识形态的体系，是构成一切形式的"思想观念的上层建筑"的部分。

---

① 郑永廷. 社会主义意识形态研究［M］. 广州：中山大学出版社，1999：4.
② 宋惠昌. 当代意识形态研究［M］. 北京：中共中央党校出版社，1993：9 - 10.
③ 马克思恩格斯文集：第1卷［M］. 北京：人民出版社，2009：552.

马克思指出，统治阶级思想是各个时代的主导思想，是一种基于阶级经济基础的意识形态系统，反映了特定阶级、特定阶层的意识诉求和在经济上抑或者是政治上的根本利益。

马克思把"意识形态"从历史唯物主义的角度概括为社会有机体的一个组成部分时，这个概念适用于所有形式的社会。因为马克思意识形态理论的出发点是对资本主义的批判，即"虚假意识"。各种意识层面、思想层面和理论体系层面之间此起彼伏的斗争使马克思从未对他口中的"意识形态"理论做一个明确、清晰、系统的定义。在德意志意识形态中，马克思分析了意识形态的阶级性，指出"统治阶级的思想在每一时代都是占统治地位的思想"[①]。在《共产党宣言》中，马克思再次强调了意识形态与阶级对抗之间不可避免的联系：意识形态"只有当阶级对立完全消失的时候才会完全消失"[②]。

列宁在俄国革命期间将意识形态理解为一种描述性、可造性的独特概念，并将其视为一种基于阶级利益的意识表达，在这种理解中，列宁对资产阶级意识形态和无产阶级思想进行了一定的区分，并用无产阶级思想指导了 20 世纪初俄罗斯的革命斗争。列宁在《怎么办》一书中说，他所运用的"意识形态"概念的基本内涵，与马克思主义经典作家所使用的"社会意识"和"意识形态"概念是一致的。阿尔都塞认为，意识形态的特殊性在于它赋予碎片思维固定的结构和独特的功能，并有可能转变为非历史现实，这意味着这种思维的固定结构和独特功能存在着某种程度上的一致性，并且总是以同样的形式出现在无处不在的真实历史中，覆盖了历史发展的整个过程。

---

① 马克思恩格斯文集：第 1 卷 ［M］．北京：人民出版社，2009：550.
② 马克思恩格斯选集：第 1 卷 ［M］．北京：人民出版社，2012：421.

因此，我们可以用结构主义的方法来分析意识形态的特征。首先，意识形态是具有中介性质的一个词语，主体的意识最终由其存在状态决定，但在存在和观念之间，意识起着中介作用；其次，意识形态具有共时性，意识形态作为"在历史上随处可见的现实"而存在，这体现出它的共时性；再次，意识形态是历时性的，例如，社会存在经历了奴隶社会、封建社会和资本主义社会，它们具有不同的意识形态；最后，意识形态是封闭的。不同社会存在的差异是结构性差异，相应意识形态之间的差异也是结构性差异，是不可通约的。意识形态在很大程度上以这种或那种方式无形影响着人们深层次的价值观因素，在此基础上不难发现：第一，意识形态不是自发的、无目的的、随意的，它有着明确的方向、目的、计划，并以一定的经济基础为后盾，通过引导社会思潮、团结、社会心理和行为，反映一定阶级、群体和阶级的利益，来巩固和发展现有社会制度，稳定社会秩序；第二，意识形态不同于特定的意识形式，如哲学、经济学、宗教、伦理、政治、法律和道德，它是这些形式所体现的观点和信仰；第三，意识形态是一种"理想信念"，它包含着价值信仰的情感因素，是理性与情感的有机统一，没有信仰就不能形成意识形态，没有意识形态的信仰将不可避免地堕落为庸俗、盲目的迷信；第四，意识形态的结构是不固定的，它将随着社会现实的发展和社会价值体系的多元化趋势而发展和变化。

如今，意识形态概念被广泛应用与哲学、政治学、社会学等学科领域，对它的理解也存有差异。本文主要从上层建筑意义上理解意识形态，将它的基本内涵界定为：基于阶级社会中一定阶级或社会集团的利益诉求，是对特定的经济、政治、社会、文化等关系和利益的自觉反映而形成的系统的、理论化的、完整的思想体系，是社会意识诸形式中构成思想上层建筑的部分。

（二）政治认同与意识形态认同

认同（Identity）一词源于拉丁文的 Idem（相同）。学界普遍认为，认同这一概念是 19 世纪末心理学家、无意识理论发展的奠基人西格蒙德·弗洛伊德首先提出的，弗洛伊德在著作《流行心理学和自我分析》中写下了关于认同的章节，他认为"一个人通过外在的模仿，并将这些经验内化于心，然后形成自己的行为模式，从而达到另一个人或团体的价值观"。他还认为，个人的认同通常是基于对某一权威的依附或维护。

弗洛伊德的弟子埃里克森则将认同概念引入了心理学，他用界定自我与其他认同之间的关系，进一步完善了自我认同这一概念的心理学内涵。埃里克森表示，认同不仅是个人发展的必须，同时也是团体和社会正常运转的条件，他进一步指出认同是指个人和群体在交流中得到的归属感。20 世纪 60 年代，认同进入了西方人文研究领域，并于 20 世纪 90 年代被引入中国大陆，在初期它主要用作动词，具有寻求内部身份和外部身份同一性的双重意义。近年来"同一性"一词被国内外学者广泛使用，已成为人文社会科学研究中不可缺少的标志性词语。一个词的广泛使用往往意味着其内涵的不断扩展和多样化。有人遗憾地说，鉴定这个词"既不清楚也不必要"，"它有多种含义，难以界定，不能用通常的尺度来衡量"。哲学、心理学、社会学、政治学等学科都从本学科的角度去研究和定义"认同"这个词。

在政治研究领域上，美国政治学者罗森邦在其《政治文化》一书中指出："政治认同——指一个人感觉他属于什么政治单位（国家、民族、城镇、区域）、地理区域和团体，在某些重要的主观意识上，此是他自己的社会认同的一部分；特别地，这些认同也包括那些他感觉到要强烈效忠、尽义务或责任的单位和团体。"①《中国大百科全书·政治学》对政治认同的界定是："人民在社会政治生活中产生一种感情和意识上的归属感。它与人们心理活动有密切的关系。人们在一定社会中生活，总要在一定的社会联系中确定自己的身份——如把自己看作某一政党的党员、某一阶级的成员、某一政治过程的参与者或某一政治信念的追求者等等，并自觉地以组织及过程的规范来规范自己的政治行为。这种现象就是政治认同。"②

　　除了心理上的归属感，政治认同在"情感倾向"或"认可、同意"方面的含义之所以更为重要③，根本原因在于，政治统治的巩固和政治秩序的维系以社会成员对政治权力的认可和同意为前提。政治权力是政治生活中的核心要素，政治所涉及的主体都是直接或间接地和国家的权力相联系的，政治现象最核心的问题，就是权力及其运行，而权力的运行过程又与利益紧密相连，因此权力和利益问题，可以概括包括阶级斗争问题在内的各种政治现象的本质④。政治权力的基本政治行为之一便是政治统治，一个社会只要有政治权力存在，就会形成政治权力制约关系，就会产生政治统治，而权力与统治天然要求获得服从，"就政治的本来含义和实际意义来讲，只有当社会成员选择政治服从行为时，政治权力制约关系的同一性才得以存在，政治权力才是有意义的。而当社会

---

① 彭正德. 民生政治：新农村建设中的农民认同［M］. 北京：中央编译出版社，2014：18.
② 中国大百科全书·政治学［M］. 北京：中国大百科全书出版社，1992：501.
③ 彭正德. 民生政治：新农村建设中的农民认同［M］. 北京：中央编译出版社，2014：20.
④ 李景鹏. 权利政治学［M］. 哈尔滨：黑龙江教育出版社，1995：12–13.

成员选择其他行为时，不仅意味着政治权力失去存在意义，而且同时意味着政治权力制约关系赖以建立的利益关系的不复存在"①。政治权力及其统治天然要求获得服从，但在实践中并不必然得到服从，"即使最强者也决不会强得永远做主人，除非他把自己的强力转化为权利，把服从转化为义务"②。为了获得服从，统治者必须把政治权力转化为政治权威，政治权威"通常以政治权力为后盾，依据正义或伟大人格的感召力，产生具有高度稳定性、可靠性的政治影响力和支配与服从的权力关系"③。因此，任何一种政治统治，其行为内容就是构建政治权威与服从关系，即把政治权力转化为政治权威，把权力制约关系转化为政治权威与服从关系。

政治权威与服从关系的构建过程，也就是政治秩序的形成和巩固过程，政治秩序就是政治权威——服从关系的制度化，其"核心内容是阶级统治，即政治统治"④，政治秩序的出现，意味着政治权力得到了广泛的承认和同意，获得了足够的服从，政治统治达到了巩固的状态。在政治权威和服从关系的形成过程中，"承认、认可、同意"起了至关重要的作用。权威与权力、暴力有着根本的区别，作为政治生活中核心要素的政治权力，本质上是一种强制力量，其构成要素的最核心部分是暴力，任何一种政治统治都试图垄断和使用暴力，国家就是一种特殊的暴力机器，是统治阶级实行阶级统治的工具。政治权力以暴力为基础，但又不等同于暴力，"什么是权力？简单地说，就是暴力加上同意……

---

① 王浦劬. 政治学基础 [M]. 北京：北京大学出版社，2006：117-118.
② [法] 卢梭. 社会契约论 [M]. 北京：商务印书馆1982：8.
③ 中国大百科全书·政治学 [M]. 北京：中国大百科全书出版社，1992：500.
④ 王惠岩. 当代政治学基本理论 [M]. 北京：高等教育出版社，2001：13.

世界上所有的政府都使用暴力，而且即使是最独裁专制的政府也得到小范围内的同意。人们对政府总是有特定的期望，并希望政府官员们能将这些期望变成现实。因此，他们只同意能够制定出他们想要的规章制度的立法机构，并且同意对那些违反它的人实施强制性制裁"①。或者说，人们对国家垄断和使用暴力的承认和同意将暴力转化成了政治权力。当承认和同意的基础进一步扩大和深化到一定程度，政治权力就被赋予了正当性并获得了社会成员的忠诚，这时，权力就进一步被转化为政治权威——被认为是正当的、能够获得忠诚和自觉服从的权力。权威的发展之所以成为可能，是因为它以同意为基础，正是因为有了承认、认可和同意，暴力才变成了政治权力，并进而上升为政治权威，政治权威和服从关系才得以确立。特别是近代以来"统治者的统治基于被统治者的同意"的理念被普遍接受以后，承认、认可和同意在政治领域中发挥着更为重要的作用。

因此，政治认同表达的不仅仅是一种心理归属，更是一种承认、认可和同意的情感倾向，而且只有在国家政治权力获得足够的承认和同意的前提下，社会成员对自己属于哪个政治单位、哪个党派、阶级、群体的心理归属感才不至于威胁政治秩序和政治稳定。基于上述认识，有些学者对政治认同的定义突破了"心理归属"的框架，突出强调了政治认同所包含的"承认、认可、同意"方面的含义。如陈道银认为："政治认同是人们在社会政治生活中产生的对政治体系一种情感和意识上的归属感，表现为对民族国家、政治制度、政治体制、政治过程、政治权威和政治意识形态等方面的同意、支持和服从，本质上是人们对政治体

---

① ［美］莱斯利·里普森. 政治学的重大问题［M］. 北京：华夏出版社，2001：56。

系的信任、信念和信仰，是政治统治的正当性基础。"① 当然，政治认同在"情感倾向"方面的含义和在"心理归属"方面的含义又存在一定程度的关联。当社会成员对政治权力表示高度的承认和赞同时，或者说在非常稳固的政治权威与服从关系中，社会成员面对政治权力会产生某种"亲切感"，觉得政治权力代表的利益与自己的利益高度一致，觉得自己应该"归属于"该政治权力及其组织，甚至将国家和执政党比喻为"母亲"，就像科尔曼所说的"对直系亲属的认同"那样。反过来，心理归属感也有助于带来和增进人们对政治权力的承认和赞同，社会学家帕森斯在分析政治体系时指出，权力是一种积极的社会商品，其使用应代表整个社会利益以达到社会的目标，然而权力同时又如同货币，可以将某些不平等引入社会，某些人也许会利用其职位独享或滥用权力；但是，权力取决于公民对社会共同体的忠诚，取决于公民对基本的社会价值观的信仰，这种忠诚和对价值观的信仰最终又将制止对权力的滥用行为，"对社会共同体的忠诚"和"对社会价值观的信仰"就是一种归属感，它将增加政治权力的合法性。

意识形态认同是政治认同体系的重要构成，是人们对反映一定阶级或社会集团政治经济利益的思想观念体系的认可、赞同、拥护和支持。作为意识形态的思想观念体系，反映了一定阶级或社会集团的政治经济利益，是该阶级或社会集团政治思想、价值标准、道德规范的思想基础。意识形态认同的核心是政治价值观的认同。人民参与政治活动都会有一定的价值观为支撑，这种价值观是与主流政治价值观相一致还是相背离，是认同还是拒斥，关系到整个政治体系的安定有序。当占统治地

---

① 陈道银.政治认同建设与构建社会主义和谐社会［J］.天府新论，2006（5）.

位的政治意识形态被普遍认同时，社会发展的道路和方向就会明确而坚定，社会思想就会求同存异，在多样性中保留基本共识，这可以说是政治认同的灵魂所在。

二、意识形态认同的影响因素与生成机制

（一）意识形态认同的影响因素

意识形态认同是认同主体、认同对象和认同环境之间相互作用的结果，在这些因素中，认同主体、认同客体和认同环境都会对认同心理的产生发挥重要影响。从认同客体来看，影响意识形态认同的主要因素包括支撑该意识形态的理论或理论体系是否逻辑合理，言之有据，是否贴近人民群众的利益诉求，是否能与时俱进地创新发展自己的理论体系，对时代和社会发展提出的重大问题做出有说服力的回答，等等。一定的意识形态总是以一定的理论形式来表达，要让人民群众认同该意识形态，首先当然要求该理论是在逻辑上自洽的、严谨的，不能前后矛盾，也不能漏洞百出，而应该是观点清晰，论据充分，论证过程严谨有力。其次，对于主体而言，他们要不要认同某个理论和意识形态，归根到底要看这个意识形态能不能代表他们的根本利益，换言之，人们的思想和行为的背后，居于决定性位置的始终是利益，能不能代表广大人民群众的根本利益，贴近他们的诉求，这也是影响其对于主流意识形态认同的深层因素。另外，任何一种理论都是实践的产物，时代发展和实践的变迁必然会对理论提出新的要求，一种理论和意识形态如果不能与时俱进地发展自己，不能将理论与实践紧密结合，回应时代问题，也会不利于人民群众对该意识形态的认同。

从认同主体来看，社会成员是意识形态认同的支柱，主体的认同必

须经历从内到外的一系列复杂变化，以达到主流认同所要求的真正目标。其中，历史渊源、受教育程度、知识结构、主观能动性等认同主体的主观因素直接影响认同心理的各个过程，这是认同的水平、范围和作用明显不同的主要原因。意识形态是一个涉及多个领域的理论体系，包括政治、经济、文化和社会，它具有理论的深度和广度，而且对认同主体的认知能力和知识结构有一定的要求，对于那些缺乏认知能力的人来说，他们无法真正理解主流意识形态的内涵，甚至会具有一些认知偏见，从而削弱了认同的作用；相反，对于那些具有较强认知能力和完善的知识结构的人来说，他们通常可以更全面地理解认同对象，形成具体内涵和客观评价，促进主流认同在认同客体意识层面的真正实现。简而言之，主体的认同具有个体特殊性的特征，进而导致认同效应在实际上存在多样性。但实质上，追求自我需求的满足和自身利益最大程度的实现是主体的原始动机，在这一点上主客体之间具有同一性。因此，主流意识形态认同的建构不仅要尊重和关注差异，灵活应对，分析具体问题，还要抓住主客体的同一性，高度重视和妥善解决社会普遍关注的问题。正如大卫·伊斯顿指出的那样，政治制度是一个制定和实施社会政策并让所制定之政策在政治体系之中得以运作的有机整体。虽然主流意识形态是对意识层面的社会存在的根本回应，但有必要建立一个基于复杂社会存在的系统的完整的理论体系，这也就意味着个人和群体之间必须有相当程度的整合。同时，要实现认同主体对主流意识形态的认同，就必须依靠政治制度从外到内进行教育和引导。在阶级社会中，政治制度往往具有集合意识形态创造者和实施者认同的功能，据此在识别活动中发挥着黏合剂的重要作用。

（二）意识形态认同的生成机制

利益诱导与激励是意识形态认同的内在动力。"人们奋斗所争取的一切，都同他们的利益有关"①，利益的逻辑起点是需求，获得了社会性质和内容的需求才能构成现实的利益。当主流意识形态能够满足某些人的需求时，人们就会自觉而积极地提升自己的认同感。人类与其他动物的不同之处在于他们的需求具有无限性和广泛性。换句话说，需求是人们行为的基本驱动力，它需要被满足，如果要想获得主流社会的尊重，实现更好、更高水平的自我发展，就必须加强对主流意识形态的理解，以至于达到更深层次的认同境界。认知是主体感知、理解和记住大脑接收的理论信息的过程，主体只会选择适合自己利益、特殊兴趣、需求和价值观的主流意识形态，经过一定的思想斗争和理论加工，将与原始价值观不相容的意识形态加以改变。整合和碰撞以及吸收和升华，以满足新的认知要求，内化是指将新形成的意识形态注入情感和意志，融入自己的态度体系，成为指导自身行为的规范和原则。认知、选择、整合和内化是相互关联的，在认同查验过程中不断出现新的情况，只有充分利用调整功能并调整识别过程中的偏差，才能保证识别的可持续性。在此过程中情感、意志、习惯、心理和文化概念都会影响主流意识形态的认同，参与者更有可能选择和识别使他们感到快乐和满足的主流意识形态。

教育与规约是意识形态认同的推动力量。首先是教育机制，意识形态认同的第一阶段是个体通过外部输入知识而获得认知，而教育是实现这一过程的重要方式之一。教育工作者负责将主流意识形态相关知识输

---

① 马克思恩格斯全集：第 1 卷 [M]．北京：人民出版社，1956：82.

入到受教育的系统中，并对受众产生直接影响，通过这种教育，受教育者可以直观地认知主流意识形态，从而达到识别的目的。此外，灌输具有很强的吸引力的理论，也是实现主流意识形态认同的重要机制。

再者还有规约机制，为了巩固统治阶级的主导地位，统治阶级通常利用行政权力来传播它所倡导的主流意识形态理论，并将其作为自己的行为准则，规范社会秩序。统治阶级经常利用法律制度的硬性规定，加强意识形态的管控与规约来强化民众对的主流意识形态认知和行为，并巩固其主导地位。

三、社会主义意识形态认同的内涵

前面阐释了什么是意识形态认同，对于社会主义意识形态认同，实际是把意识形态认同具体化，具体到对社会主义意识形态的认同上。因此，理解社会主义意识形态认同内涵的关键在于对认同的对象，即社会主义意识形态的认识。按照前面对于意识形态的解释，可以初步将社会主义意识形态表述为建立在社会主义经济基础之上，集中反映工人阶级和广大人民群众的根本利益的思想上层建筑。社会主义意识形态对中国共产党的建设具有特殊地位和作用，注定了社会主义意识形态具有与资本主义意识形态无法比拟的先进性。中央文件明确指出："社会主义核心价值体系是社会主义意识形态的本质体现"①。这就意味着，我国社会主义意识形态的主体内容集中体现为马克思主义指导思想、中国特色社会主义共同理想、民族精神和时代精神、社会主义荣辱观的核心价值体系。其中，马克思主义是社会主义意识形态的旗帜和灵魂。至于社会

---

① 胡锦涛文选（第2卷）［M］．北京：人民出版社，2016：639.

主义核心价值观，则是我国核心价值体系的内核。

　　马克思主义是社会主义意识形态的旗帜，是认识和指导社会发展的理论基础。马克思主义是中国历史发展和现实建设的必然选择。民主革命时期，在寻求救亡图存，挽救民族危亡的过程中，各种思想相互交锋，都曾在当时的中国开展过实验和实践，始终未能解决社会的主要矛盾。是十月革命一声炮响，给中国送来了马克思主义，自此，中国人从思想到生活，才迎来了一个崭新的时期。马克思主义的传播为中国共产党的成立提供了思想基础。五四运动以后，出现了一批宣传十月革命和社会主义思想的报刊，出现了研究马克思主义的团体，开始比较系统地介绍马克思主义的学说，一些马克思主义者到工人中宣传马克思主义，促使马克思主义与工人运动的结合，马克思主义成为指导中国革命的思想指南。新中国成立后，我国建立起人民民主专政的国家政权，中国共产党成为中国社会主义建设事业的领导核心，马克思主义由中国共产党的指导思想确立为整个社会的指导思想。中国共产党坚持马克思主义在意识形态领域的指导地位，通过对意识形态领域实施有效整合，形成我国的社会主义意识形态，成为发展中国特色社会主义现代化建设事业的战略指导思想和行动指南，是党和国家的主流意识形态，是中国共产党组织号召、凝聚人心，并得到广大人民群众支持和拥护的精神武器。

　　综合上述方面，社会主义意识形态可归结为以马克思主义为指导和灵魂，以社会主义核心价值观为内核，以社会主义核心价值体系为本质体现的，集中代表工人阶级和广大人民群众根本利益的思想理论体系，是社会主义上层建筑的重要组成部分。与此相应，社会主义意识形态认同即是上述这种思想体系的认同。

　　具体来说，中国的社会主义意识形态是以马克思主义为指导的，认同的主要内容有：党的领导、马克思主义的指导地位、中国特色社会主义理论体系、社会主义核心价值观、社会主义的共同理想等。随着新时代的到来，社会主义意识形态要及时补充适应时代要求的理论和思想观念，不断完善其内容，使内容广泛而丰富。

第三节 大学生社会主义意识形态认同概述

一、大学生社会主义意识形态认同的实质

大学生社会主义意识形态认同是指大学生对集中反映工人阶级和广大人民群众根本利益的思想理论体系产生的积极价值取向和心理倾向，具体而言就是大学生对以马克思主义为指导的中国特色社会主义理论体系、中国共产党的指导思想及其衍生的纲领、路线、方针、政策等的认可和赞同。

大学生社会主义意识形态认同的认同主体是青年大学生，认同客体是社会主义的意识形态，具体而言就是中国特色社会主义意识形态。大学生社会主义意识形态认同的实质即是当代大学生对中国特色社会主义意识形态的支持、拥护，赞许和推崇。

二、大学生社会主义意识形态认同的层次结构

大学生对社会主义意识形态认同是一个动态发展的过程，随着大学生的知识储备、成长阅历的发展不断发展变化，具有丰富的层次性，主要包括认知认同、情感认同、价值认同、理论认同、信仰认同和行为认同等不同层次。

认知认同是认同的起点，大学生的社会主义观念不会天然存在，也不会自然发生，而只能在直接或间接地接触和了解社会主义意识形态的基础上形成，这种认知认同主要体现为大学生对社会主义意识形态的认知和理解情况。

情感认同是指大学生在理论学习和社会实践过程中产生的对社会主义意识形态的情感接纳倾向。大学生在接触社会主义意识形态时，能产生积极的情绪反应，如肯定、喜爱、赞同等积极的心理态度。按照意大利著名社会学家帕雷托的逻辑行为与非逻辑行为理论，人的行动并非是建立在手段与目的进行逻辑思考的基础上，相反，人的大量行动是非逻辑的，是基于情绪、情感的。帕雷托指出，逻辑行为主要是基于推理过程的结果，而非逻辑行为则主要起源于确定的心理状态、情感、潜意识的感觉。[①] 换言之，人的行为既有合逻辑的一面，也有非逻辑（情感）的一面，培养大学生对社会主义意识形态的情感认同，甚至将其内化为一种潜意识，以此来指导大学生的"非逻辑行为"至关重要。

价值认同是大学生主动将自己的价值观和利益与社会主义核心价值观相结合，在具体实践和利益倾向中表现出与社会主义核心价值观相一致的价值观念。一方面，它表明大学生将社会主义意识形态融入自己的价值理念，从价值层面明确社会所倡导的主流价值观，在明确自身需要的基础上，明确认同和接受社会主义核心价值观。另一方面，大学生不再仅仅将认同局限于自身，开始有了传播的意识，不仅是信息的接收者，也是信息的传播者。

理论认同不仅表现为大学生能够准确认识和理解意识形态的基本概

---

① 何萌. 新时代大学生价值观培育研究［M］. 长春：吉林人民出版社，2017：67.

念和具体内容，而且要对马克思主义、社会主义意识形态有深刻的理论认识并在此基础上形成对科学理论的真知笃信。

信仰认同表现为大学生树立了对马克思主义、社会主义和共产主义的信念，信仰认同是精神动力，能激励大学生建立共识，积极主动地投身社会主义现代化建设。

行为认同是意识形态认同的现实表达，也是意识形态认同的实践检验。表现为大学生能够自觉接受社会主义意识形态，实现内化，并在社会主义核心价值体系指导下，遵守国家法律法规和基本道德标准，符合国家和社会倡导的价值观。敢于实践，在具体活动中找到理想认同目标与现实认同环境的有效交汇点，进一步用社会主义思想指导实践行为。

由上可知，认同的过程总体上经历三个阶段，第一阶段是从实践到认识，第二阶段是从认识到实践，第三阶段则是从实践到认识、再到实践、再到认识的无限上升发展。第一阶段过程中受教育主体的情感、意志、欲望、动机、信念、习惯、本能等非理性因素的影响。第二个阶段"从认识到实践"需要受教育主体从实践中得出的真理用来指导实践。第三个阶段由于认识主体的主观因素和环境的客观因素的影响，导致了认识运动的反复和无限发展。

三、大学生社会主义意识形态认同的主要内容

大学生社会主义意识形态认同的主要内容有：对党的领导、马克思主义的指导地位、中国特色社会主义理论体系、社会主义核心价值观、远大理想和共同理想等的认同。

（一）坚定中国共产党领导地位的认同

无论是中国的革命、建设还是改革，都离不开党的领导核心作用的发

挥。中国共产党诞生于民族危难之际，党的命运始终与民族和人民的命运紧紧相连，党是在回应时代诉求、解决社会主要矛盾、满足人民利益的艰辛过程中确立起自己的领导地位的，是历史和人民选择了中国共产党。坚定不移地坚持党的全面领导，是深化改革开放和实现民族复兴伟业的政治前提。大学生认同党的领导，既要比较系统地学习和掌握党的知识，学习党的历史，也要深刻理解党的宗旨和信念，为党的信仰而奋斗。

与此同时，坚定党的领导地位的认同，突出表现为"两个维护"的认可和拥护，这是大学生理解社会主义意识形态的重要组成部分，是在实践中获得经过艰苦探索而形成宝贵经验的重要途径。要在新时期加强党的建设，首先要做好政治建设，把党的政治建设作为统领全局的关键。"两个维护"作为首要的政治任务，它能充分扮演大学生核心价值观发展过程中政治指南针的作用，向大学生阐明党的纪律和规则，加强对大学生的意识形态教育和管理，确保大学生的价值观念与党的政治方向、政治政策和政治路线保持高度一致。坚定"两个维护"对引导大学生在情感和心理上支持党的核心地位，衷心拥护以习近平同志为核心的党中央的集中统一领导，维护党的基本路线、方针和政策是具有重要的现实意义。

（二）坚定马克思主义指导思想的认同

指导思想是意识形态的灵魂，离开马克思主义谈社会主义意识形态认同无异于舍本逐末。尽管马克思主义已经创立一百多年，但其基本原理没有过时，其世界观和方法论始终在指导我们的生产生活时发挥着巨大作用，马克思主义仍然是我们不可动摇的思想根基和理论指南。大学生坚定对马克思主义的认同，就要真正用马克思主义的基本理论和方法去指导学习和社会实践，将马克思主义与鲜活的实际紧密结合，做马克思主义的信仰者和实践者。

（三）坚定对中国特色社会主义理论体系的认同

马克思主义的生命力之源在于其实践性，它不把自己固化，而是在实践中不断创新发展。作为当代中国的马克思主义，中国特色社会主义理论体系继承和发展了马列主义，是最适合当代中国实际的理论指南。认同中国特色社会主义理论，就要深刻理解和把握其精神实质和核心要义，认清马克思主义与中国特色社会主义理论体系的内在关联，始终坚定用中国化的马克思主义推进改革，实现民族复兴。

（四）坚定社会主义核心价值观的认同

社会主义核心价值观体现了全国各族人民的共同认同，它使全体人民团结一心，共同前进，这就与国家的未来和命运以及人民的幸福和福祉充分的连接了起来。社会主义核心价值观明确了我们在国家、社会价值、公民个人层面的价值导向，在价值多元的社会背景下凝聚共识，成为汇聚力量的"最大公约数"。大学生认同社会主义，首先就要坚定对社会主义核心价值观的价值认同。

（五）坚定远大理想和共同理想的认同国无魂不立，人无魂不强。理想信念是国家和民族的灵魂，指引着人民前进的方向，我们的先辈历经曲折才找到了社会主义的方向和道路，需要一代代坚持和传承下去。共产主义的远大理想，中国特色社会主义共同理想，体现的是长远目标与近期目标的统一，通过共同理想，在党的领导下坚定社会主义方向和道路，实现"两个一百年"奋斗目标，让社会主义的优越性充分发挥出来。通过共产主义远大理想，将对人类社会的理想追求化为终生奋斗的长期目标，向着消灭阶级、消除三大差别、人的自由全面发展的美好社会奋进。

第二章

社会主义意识形态认同的理论依据和实践经验

众所周知，马克思恩格斯是马克思主义的创立者，尽管他们没有亲身经历过社会主义建设实践，但他们对于马克思主义这一社会主义意识形态的旗帜和灵魂的开创性贡献，以及他们对于意识形态理论的诸多思考和论述中已经包含有社会主义意识形态认同的理论见解。

第一节　马克思恩格斯的意识形态认同理论

一、社会意识由社会存在所决定同时具有相对独立性

马克思恩格斯指出，社会存在决定社会意识，社会意识归根结底是对社会存在的能动反映。"意识在任何时候都只能是被意识到了的存在，而人们的存在就是他们的现实生活过程。"① 他们认为，意识是人所特有的能力，体现出人之为人的主观能动性和创造性。然而，人们进

---

① 马克思恩格斯选集：第 1 卷［M］. 北京：人民出版社，2012：152.

行精神活动和产生意识的前提条件首先是物质资料的生产，要解决吃穿住等基本生存所需，必须首先开展物质资料生产活动。其次，社会意识的内容也是由社会存在决定的，离开丰富的社会实践和人类交往活动，就不会产生社会意识。此外，社会意识的发展也从根本上取决于社会存在的发展变迁，一定社会的道德、法律等在本质上都是一定社会存在的反映。

当然，社会存在与社会意识的关系并非机械的，社会意识从根本上取决于社会存在，但是，社会意识也并非完全被动，"物质存在方式虽然是始因，但是这并不排斥思想领域也反过来对物质存在方式起作用，然而是第二性的作用"①。社会意识也有自己的相对独立性，这种独立性突出表现在社会意识对社会存在具有能动的反作用，那些正确反映内在规律和社会发展进步要求的社会意识能够对社会存在和社会发展起到促进作用，反之则会迟滞甚至阻碍社会发展。除此之外，社会意识的相对独立性还表现在其历史继承性以及与社会存在的不完全同步性上。每一特定历史时期的社会意识及其形式，都同先前的思想文化遗产有继承关系，每一时代的思想家在解释和解决社会问题时，都要利用前人所创造的文化成果和遗留下来的思想资料，把它们加以改造，推陈出新。

二、意识形态是上层建筑的重要构成

意识形态是社会意识的高级形式，它是对社会存在的理论化、系统化的观念反映。而且，意识形态这种系统化的思想理论还是反映特定的经济基础并为之服务的，具有鲜明的阶级性。而那些不与特定的经济基

---

① 马克思恩格斯选集：第4卷［M］. 北京：人民出版社，2012：598.

础直接关联并为之服务的社会意识形式，如数学、语言学、逻辑学等则不属于意识形态的范畴。

意识形态由于其与经济基础的紧密联系而成为上层建筑的重要组成部分。在社会中，与经济基础相适应的上层建筑，主要由政治上层建筑和观念上层建筑构成。政治上层建筑主要指建立在经济基础之上的政治法律制度和设施，包括国家政权机构、军队、警察、法庭、监狱等，其核心是国家政权。观念上层建筑又称为思想上层建筑，主要指政治法律思想、道德、艺术、宗教、哲学等。在观念上层建筑中，意识形态是观念上层建筑的核心和灵魂。

三、占统治地位的思想是统治阶级的思想

意识形态作为理论化、系统化的阶级意识，直接为阶级利益服务。马克思恩格斯指出，任何阶级为了获得统治，都会把自己的主张说成是全体社会成员的普遍利益的代表，从而赋予思想以普遍性，把它"描绘成唯一合乎理性的、有普遍意义的思想"[1]，以便争取更多的支持和认同。由此可以看出，意识形态这种阶级利益的集中体现形式对于阶级而言具有十分重要的辩护、认同等功能。而那些在经济上获得统治地位的阶级自然也不会放弃对意识形态的领导和控制。或者说，思想上的领导和统治也是社会秩序极为重要的支撑。由此，马克思恩格斯得出结论："统治阶级的思想在每一时代都是占统治地位的思想。"[2] 统治阶级既是物质上的统治力量，也必然是精神上的统治力量，他们支配着物质生产的同时也支配着精神生产。

---

① 马克思恩格斯选集：第 1 卷 [M]．北京：人民出版社，2012：180.
② 马克思恩格斯选集：第 1 卷 [M]．北京：人民出版社，2012：178.

四、理论必须掌握群众

马克思恩格斯指出："批判的武器当然不能代替武器的批判，物质力量只能用物质力量来摧毁；但是理论一经掌握群众，也会变成物质力量。"① 这段论述实际上指明了理论的出路在于与群众实践的结合，人民群众以科学理论为思想武装，科学理论也只有被广大人民群众所掌握和认同，才能真正发挥出改变世界的物质力量。他们接下来进一步指出："理论只要说服人，就能掌握群众；而理论只要彻底，就能说服人。所谓彻底，就是抓住事物的根本。"② 这就进一步揭示了什么样的理论才能掌握群众的问题，指明了理论认同（实际上也就是意识形态认同）的根本前提在于理论本身的科学彻底性。与此同时，理论掌握群众也揭示了理论认同的另一个必然要求在于实践性，马克思主义作为思想指南，必须在指导工人阶级和广大人民群众的实践中去反复检验，并在实践中丰富和发展。

第二节　马克思恩格斯推进意识形态认同的实践经验

19 世纪 40 年代，随着资本主义的发展暴露出弊端，工人阶级的生活条件每况愈下，使社会中日益分化的两大阶级——资产阶级和无产阶级的矛盾更加激化。在初期，工人阶级因为没有代表其利益的理论武器，特别是先进的社会主义意识形态理论的指导，只能采取简单的如捣

---

① 马克思恩格斯选集：第 1 卷 [M] . 北京：人民出版社，2012：9.
② 马克思恩格斯选集：第 1 卷 [M] . 北京：人民出版社，2012：9 – 10.

毁机器厂房的方式来表达反抗，在很大程度上制约阶级斗争在革命实践中取得胜利，这说明需要唤醒工人阶级的阶级意识，增强工人阶级对社会主义意识形态的认同，只有拥有了思想的武器才能在革命实践中取得胜利。恩格斯在英国考察后指出，工人阶级的政治运动会让工人阶级在抗争中认识到社会主义才是自己取得自身解放的路径。同时社会主义的目标成为工人阶级政治斗争的信条时才能转变为改造实践的现实力量。马克思和恩格斯积极参加工人的政治运动，扩大社会主义与共产主义思想在工人阶级中的影响，推进马克思主义意识形态在工人阶级中的初步认同。

一、理论宣传增进认同

（一）通过进步报刊宣传

马克思、恩格斯认为进步报刊是"是热情维护自己自由的人民精神的千呼万应的喉舌"[①]，马克思更是把报刊工作作为自己投身于政治活动的基础，他们认为进步报刊可以促进工人阶级阶级意识的觉醒，让工人们能够发现自己艰苦境地的真正原因，从而更加容易接受社会主义意识形态理论。马克思在《评普鲁士最近的书报检查令》以及《德法年鉴》时期发表的一些文章中都体现了出版自由的思想。在《德法年鉴》停刊后，马克思恩格斯着眼于《前进报》，并发表了《弗里德里希威廉四世实行新改革的幻想》《英国状况——十八世纪》等文章。这些文章的传播促进工人阶级、先进思想家、革命活动家认清资本主义的本质，传播了社会主义与共产主义，使其进一步对社会主义意识形态增进

---

① 马克思恩格斯全集：第6卷 ［M］. 北京：人民出版社，1961：275.

了认同。

（二）建立各种协会、共产主义组织进行宣传

马克思、恩格斯通过工人联合会、协会、革命小组等各种组织开展思想宣传，早在 1846 年就建立了共产主义通讯委员会，在共产主义者同盟成立后，他们突出语言和行为方面的模范作用，促进工人阶级的思想觉醒。后来又筹建了德国工人俱乐部，通过俱乐部向工人群众和革命者宣传社会主义意识形态。1850 年，马克思恩格斯为掀起欧洲革命高潮，指导建立了世界革命共产主义协会，这在很大程度上促进社会主义意识形态理论在英国与法国的传播与认同。

（三）深入工人群众中进行宣传

马克思、恩格斯在一些城市与地区成立共产主义通讯委员会，促进工人阶级之间的联系、交流与学习，传播社会主义意识形态理论，提升工人阶级的阶级意识，推动社会主义运动的蓬勃发展。他们还扩大了传播的范围，在群众以及进步人士中积极传播社会主义意识形态理论，增进民众对社会主义革命理论的认同。马克思和恩格斯广泛联系工人运动活动家、民主进步人士等，结识了正义者同盟巴黎区部的领导人，如艾韦贝克、海涅等。通过工人阶级思想家和理论家的宣传，进一步促进阶级意识的觉醒，并使之初步认同社会主义意识形态理论。

马克思恩格斯经常到工人群众身边进行宣传交流，促进社会主义意识形态理论的传播。恩格斯在到达英国的曼彻斯特后，通过到工人住宅区了解工人群众生活状况，进一步摸清工人阶级的现实苦难与艰苦斗争，他谈道："我放弃了资产阶级的社交活动和宴会、波尔图酒和香槟酒，把自己的空闲时间几乎全部用来和普通工人交往，这样做，我感到

既高兴又骄傲。"① 恩格斯在对曼彻斯特工人的实地考察之后完成了《英国工人阶级状况》等著作。

马克思一边开展理论研究，一边也深入工人中了解他们的现状和诉求，他还投入到工人集会中亲身支持工人运动。而恰恰是在对现实情况的考察、参加革命斗争的实践中促进了马克思理论研究的深度。他认为理论一经掌握群众，也会变成真正的物质力量。因此马克思恩格斯深入工人群众，加强社会主义意识形态宣传，达到唤醒工人阶级意识的目的，使工人阶级的革命斗争由自发转变为自觉。

二、革命实践强化认同

如果说先进理论的大力宣传唤醒了工人阶级的反抗意识，那么认同的最终效果体现在工人的革命实践之中。欧洲各种社会思潮派别纷呈，但只有真正代表工人阶级利益，能为工人阶级现实斗争服务的科学理论才能得到工人阶级的认同。因而社会主义意识形态要想获得更多民众的认同就必须与工人的政治运动相结合。马克思和恩格斯为此开展了大量革命实践活动，促进了革命理论与革命斗争的结合，马克思主义也得到了欧洲工人阶级的认同。

（一）社会主义意识形态理论在 1848 年欧洲革命中的实践验证

1848 年的《共产党宣言》标志着社会主义意识形态的诞生，随着欧洲革命的爆发，为社会主义意识形态从理论到实践的跨越提供了检验的机会。此次革命实践不但对各种非社会主义思潮进行了否定，极大地削弱其在工人阶级中的传播与认同，而且让欧洲人民意识到社会主义意

---

① 马克思恩格斯选集：第 1 卷［M］．人民出版社，2012：81.

识形态才是真正科学的无产阶级革命理论，引起他们对社会主义意识形态的关注，并逐步得到他们的认同。

马克思恩格斯在1848年欧洲革命还未爆发之前，就已经对德国的革命的性质进行分析，指出本次革命属于资产阶级民主革命，并且阐述了资产阶级民主革命与无产阶级革命的关系。在德国，最早的共产主义者同盟是民主派力量的代表，经过帮助，大部分成员适应革命形势的变化，积极投身于欧洲革命。在《德法年鉴》时期，马克思阐述了无产阶级革命与专政思想，认为实现人类自身解放的前提就是推翻那些使人成为被侮辱、被奴役、被遗弃和被蔑视的东西的一切关系。恩格斯也指出暴力革命是取得斗争胜利的重要方式。1848年欧洲革命的失败也证明了无产阶级革命要采取新的方式方法，需要科学理论的指导，并非简单的"打碎机器"，而巴黎六月起义的失败也恰恰证明了这一理论的正确性。因此最后通过分析1848年欧洲革命，马克思指出，只有资本主义生产方式及其制度的消灭，才能使工人阶级解放、农民地位提高，只有建立无产阶级自己的政府，才能消除经济的贫困化以及提高社会地位。这次革命实践进一步促进工农联盟思想的成熟，丰富了社会主义意识形态理论内容。

（二）巴黎公社革命的实践验证

1871年的巴黎公社革命的爆发催生了无产阶级专政的第一次革命实践，尽管当时公社内存在着多种主义，但是在革命实践中公社采取的措施是在科学社会主义的指导下设立的。巴黎公社革命失败后，马克思并不是简单对资本主义制度进行批判与否定，而是更多地转为对它的辩证思考。基于大量被实践所检验的科学材料的产生，使马克思恩格斯对社会主义意识形态理论的丰富更加深入。这使马克思恩格斯意识到资本主义社会在自身的发展过程中也会出现与之相对抗的社会主义因素。而面临的主要问题是如何将那些在旧的正在崩溃的资产阶级社会里所产生的新社会因素,即促进社会主义因素的不断积累,提出未来共产主义社会两个阶段的理论。马克思恩格斯晚年将眼光投入到落后国家如何取得无产阶级革命胜利、建立社会主义制度的问题之中。这些思想理论在实践检验中更加凸显社会主义意识形态的生命力与影响力。

三、理论斗争深化认同

在工人阶级内部存在多种思想理论的情况下,马克思主义必须通过强有力的理论斗争确立自己的地位,在斗争中巩固自己的群众基础,扩大自己的影响范围,并最终成为国际共产主义运动的指导思想。

（一）马克思恩格斯反对蒲鲁东主义的理论斗争

马克思对蒲鲁东企图用对立的调和来代替对立的斗争的方法进行了严厉的批判,主要运用唯物主义辩证法以及唯物史观视角分析了资本主义的历史发展过程。从而说明社会主义革命的必然性,并揭示这一历史使命的承担者就是无产阶级。他指出:"最强大的一种生产力是革命阶级本身","劳动阶级解放的条件就是要消灭一切阶级"[①]。对于暴力革命,马克思指出旧的统治阶级从来不会主动放弃自己的统治地位,受压迫的无产阶级要推翻资产阶级的统治,实现自己的解放,暴力革命是基本形式。蒲鲁东宣扬改良主义,提出用"合作制"改造资本主义,提出保护私有制,把国际工人协会变成"世界合作协会"等观点。马克思恩格斯对此进行了批驳,指出蒲鲁东主义实质是小资产阶级的社会理

---

① 马克思恩格斯文集:第1卷［M］.人民出版社,2009:655.

想。马克思恩格斯还就第一国际领导权、第一国际的性质与任务、废除私有制等问题对蒲鲁东进行了严厉的批驳，揭示了蒲鲁东主义的真实面目，并给予蒲鲁东主义沉重的打击。最终，在马克思恩格斯坚持不懈的斗争中蒲鲁东派内部逐渐瓦解。

（二）马克思恩格斯反对巴枯宁主义的理论斗争

马克思恩格斯对巴枯宁的无政府主义理论进行了尖锐的批评，马克思恩格斯撰写了《行动中的巴枯宁主义》《巴枯宁〈国家制度和无政府状态〉一书摘要》《论权威》等一系列著作，揭露了巴枯宁无政府主义的弊病与本质，巩固与提升了工人阶级以及第一国际内部社会主义意识形态认同。为彻底清算巴枯宁对国际工人运动所带来的不利影响，恩格斯起草了《关于社会主义民主同盟的报告》，阐述了巴枯宁加入国际以来所进行的分裂与破坏活动严重违背了第一国际的纲领与纪律，大会最终决定将巴枯宁开除，极大地打击了巴枯宁主义在国际中的传播与影响。

（三）马克思恩格斯反对拉萨尔主义的理论斗争

拉萨尔主义宣扬"铁的工资规律"，将工人的工资变动的决定性因素解释为人口变动，认为人口的繁殖率升高使得工人增多进而导致工资下降，反之亦然，这样，工人平均工资始终会维持在维持生存和繁衍所必需的水平上。拉萨尔以此掩盖资本主义剥削的实质。拉萨尔还认为国家是全体人民利益的代表，只需要在国家的帮助下建立生产合作社就可以让工人阶级摆脱贫困与压迫，反对暴力革命。针对这样机会主义的观点，马克思恩格斯揭露了拉萨尔主义的欺骗性，指出拉萨尔主义是对剩余价值学说的背叛，工人阶级只有砸碎雇佣劳动制度，才能彻底铲除无产阶级贫困的根源，而拉萨尔主义根本无法带领工人阶级摆脱资本主义的剥削与压迫。

　　同时，马克思恩格斯在与拉萨尔机会主义斗争的过程中，批判拉萨尔主义极其重要的著作之一就是《哥达纲领批判》，对拉萨尔主义进行了全面、彻底的批判。关于革命同盟军，针对拉萨尔主义反对农民的革命作用，马克思深刻地论证了农民是无产阶级最可靠的同盟军的思想。关于无产阶级的原则，批判了拉萨尔派用"各民族的国际的兄弟联合"代替"全世界无产者联合起来"的革命口号。关于拉萨尔主义的"自由的人民国家"的谬论，马克思指出无产阶级专政作为一个革命转变时期，只有无产阶级的革命专政国家才能担负起完成转变和过渡的任务。《哥达纲领批判》这一著作中的一系列观点对于铲除拉萨尔机会主义在工人运动中的消极影响具有重要意义，不仅进一步阐述了科学社会主义的基本原理，同时也在理论斗争中巩固了社会主义意识形态认同基础。

第三节　马克思主义中国化推进社会主义意识形态认同的发展

　　我国的社会主义意识形态是以马克思主义为指导的社会主义意识形态，其核心是中国特色社会主义理论体系。马克思主义社会主义意识形态在我国的确立始于中国共产党对马克思主义的选择与认同。中国共产党对马克思主义的认同是马克思主义理论本质与中国社会现实需要相统一的结果。19世纪末，随着西学东渐的扩散，社会主义理论随着西方其他思潮在中国广泛传播，20世纪初达到顶峰。五四运动期间，中国思想界非常活跃，各大流派之间发生了许多论争。这些论争极大地扩大了社会主义思想的影响，中国人民逐渐认识到了社会主义意识形态。马克思主义在中国的传播并与中国工人阶级运动相结合促成了中国共产党的成立，中国共产党一成立就把马克思列宁主义作为指导思想，反过来又进一步传播了马克思主义，随着新民主主义革命的逐步推进，马克思主义与中国实际相结合，在理论上不断完善和发展，在实践中得到了验证，让更多人接受、认同了马克思主义。中华人民共和国成立后，社会主义意识形态和无产阶级政权得到了广大人民群众的认同与支持。

一、革命、建设和改革是推进中国社会主义意识形态认同的源泉

鸦片战争后，中国逐渐半殖民地半封建化，中华民族的首要任务转变为争取民族独立与复兴。残酷的现实告诫着先进的中国人：救国需要有先进强大的思想武器。因此，先进的中国人从西方引进了各种理论。但是，这些思想武器和政治制度不能适应当时的中国形势。只有科学的马克思主义，才可扭转中国落后挨打的被动态势。习近平同志在纪念马克思诞辰 200 周年大会上指出："列宁领导十月革命取得胜利，社会主义从理论变为现实，打破了资本主义一统天下的世界格局。"十月革命使先进的中国人民精神更加旺盛。中国人认识到马克思主义的理论意义和实践价值，从而开创了马克思主义早期传播和中国化的进程。从党的成立之初，中国共产党人就把马克思主义写在旗帜和纲领上，明确指出马克思主义是"世界原始转型理论"和社会根本转型解决理论。五四运动以后，毛泽东和蔡和森多次写信，畅谈改革中国的思想。他们一致认为中国应该用马克思主义改变中国。瞿秋白同志还指出，科学社会主义是我们行动的"指南针"。

在马克思主义的理论支持下，中国第一代马克思主义者登上了历史舞台，明确了革命需要的组织、团体、政党，并指出无产阶级只有觉悟起来，组织起来，才能成为中国革命的主力军、领导者。根据已发掘的史料，第一个提出建党思想的是李汉俊。他指出："中国不在世界之外，中国也要建立苏俄式的革命党。"第一个公开说要建立中国共产党的是蔡和森，他指出："中国共产党是革命运动的发动者、宣传者、先锋队和作战部。"① 1921 年，中国共产党第一次代表大会如期举行，中国共产党正式成立。第一份党的组织章程中明确宣布：中国共产党不是知识者组织的马克思学会，也不是少数共产主义者脱离群众之空想的革命团体②。

中国共产党成立之初，在马克思主义指导下，不断深化对中国国情和中国革命的认识，积极推进马克思主义与中国革命实践的结合，探索中国革命之路，在中国社会性质、革命首要问题、斗争策略、斗争形式、革命性质等方面形成了一系列重要的理论成果，在实践中，取得了新民主主义革命的胜利，建立了新中国，这些成果表明，马克思主义中国化水平显著提高，党运用马克思主义理论解决中国革命重大实际问题的能力显著增强。建立新中国是开天辟地的大事，没有马列主义，没有马列主义的中国化，中国革命就不可能成功。

改革开放开启了当代中国社会新的历史时期。在社会主义建设和改革的历史进程中，几十年来，中国共产党始终坚持意识形态的绝对领导，掌握社会主义意识形态工作的领导权和话语权，坚持人民立场的价

---

① 金冲及. 毛泽东传（1893 - 1949）[M]. 北京：中央文献出版社，2004：72.
② 中共中央党校党史教研室. 中国共产党史稿（第一分册）[M]. 北京：人民出版社，1981：71.

值取向，尊重人民在思想建设中的主导地位，坚持解放思想，实事求是的有机统一，坚持马克思主义的指导地位；坚持与时俱进，在继承和创新的过程中不断促进思想工作的创新和发展。从这个角度出发，从新时代、新起点回顾和总结社会主义思想建设的基本经验具有重要意义。

改革开放是党领导人民进行的新的伟大革命，是社会主义制度的自我完善和发展。推进意识形态工作，掌握意识形态工作的领导权和话语权，贯穿于改革开放 40 年社会主义建设的全过程。邓小平早在改革开放之初就反复强调，思想政治工作要放在非常重要的位置上，认真负责，绝不松懈。思想政治工作，除了要把握方针政策，决定使用重要的思想政治工作外，还要摆在十分重要的位置。

江泽民在庆祝中国共产党成立 70 周年的讲话中进一步强调，各级党委要重视思想工作，加强对思想工作的领导，牢牢把握思想政治工作的领导。胡锦涛同志在十六大后不断强调："党的宣传和思想管理是我们党长期实践中形成的一项重要原则和制度，是坚持党的领导的重要方面，我们必须坚持不懈，永不动摇。"

党的十八大以来，习近平明确强调思想工作是党的一项极其重要的工作，指出思想工作决不能放松和削弱。改革开放 40 年的实践证明，坚持党的思想工作领导，确保党的统一领导，是我们党继续发展壮大、取得历史性成就和做出历史性变化的重要条件和关键。改革开放 40 年以来，党和人民成功地应对了一系列重大风险、挑战和现实困难，取得了快速发展。40 年来的经济发展和社会发展繁荣稳定保证了改革开放的顺利进行。

在建设中国特色社会主义的历史进程中，我们社会的主流思想实际上是在坚持、继承和发展马克思主义的过程中不断前进的。随着中国特色社会主义建设实践的不断发展和进步，我国社会主流意识形态的发展和创新也获得了更广阔的空间。

党的十三届四中全会以来，以江泽民为核心的第三代中央领导集体，集中全党全国人民的智慧，不断推进马克思主义理论创新，进一步回答了什么是社会主义、怎样建设社会主义的问题，创造性地回答了在新的历史条件下建设什么样的党、怎样建设党的问题，创立了"三个代表"重要思想。党的十六大报告指出："三个代表"重要思想是对马克思列宁主义、毛泽东思想和邓小平理论的继承和发展。它反映了当代世界和中国发展对党和国家工作的新要求。它也是加强和改进党的建设、促进我国社会主义自我完善和发展的有力理论武器，是中国共产党集体智慧的结晶。

党的十六大以来，胡锦涛不断把马克思主义基本原理同中国的具体实践相结合，开辟了马克思主义理论发展的新领域，创造性地提出了科学发展观。科学发展观不仅坚持马克思列宁主义、毛泽东思想、邓小平理论和"三个代表"重要思想，而且深刻总结了世界发展的经验教训和 30 年来的发展经验。中国共产党第十八次全国代表大会的报告科学地定位了科学发展观的历史方向，首次确立了科学发展观作为党必须长期坚持的指导思想。

中国特色社会主义建设实践丰富了我国社会主义意识形态。从邓小平理论到"三个代表"重要思想，再到科学发展观，我国社会主义意识形态正在不断发展、完善和创新，这为中国特色社会主义建设事业提供了正确的方向引导和持续的理论支撑，这是新时期我国社会主流意识形态建设获得的最宝贵、最重要的历史经验之一。

党的十七大描绘了到 2020 年实现全面建设小康社会的宏伟蓝图和

奋斗目标，中国特色社会主义伟大事业开始在新的起点踏上了新的征程。党的十八大报告进一步指出："高举中国特色社会主义伟大旗帜，以邓小平理论、'三个代表'重要思想、科学发展观为指导，解放思想，改革开放，凝聚力量，攻坚克难，坚定不移沿着中国特色社会主义道路前进，为全面建成小康社会而奋斗。"这个表述把建设改为建成，是对十七大报告对主题概括的提升。十八大报告新概括，一是体现了坚持中国特色社会主义的连续性，为我们党和国家明确前进方向；二是把科学发展观与邓小平理论、"三个代表"重要思想并列，并纳入中国特色社会主义理论体系；三是表明了党坚定不移沿着中国特色社会主义道路前进，为全面建成小康社会而奋斗的决心。党的十八大报告科学阐释了全面建成小康社会的目标，并勾画了党在建立 100 年和建国 100 年时的发展目标，这就对社会主义意识形态建设提出了新的更高的要求。习近平总书记就是在两个百年的基础上创造性地提出中国梦的构想。党的十九大报告明确了党和国家发展所处的历史方位，提出了中国特色社会主义进入新时代的重大政治判断，这与社会主义初级阶段判断一样具有划时代意义。中国特色社会主义进入的新时代，是决胜全面建成小康社会，进而全面建设社会主义现代化强国的时代，是全体中华儿女勠力同心、奋力实现中华民族伟大复兴中国梦的时代，是我国日益走近世界舞台中央、不断为人类做出更大贡献的时代。习近平新时代中国特色社会主义思想，系统回答了坚持和发展什么样的中国特色社会主义，怎样坚持和发展中国特色社会主义这个重大时代课题。这一思想贯穿着马克思主义群众观点和人民立场，既是全党智慧结晶，又集中展现了习近平总书记的巨大理论勇气、超凡政治智慧、远见卓识和独创思想，是马克思列宁主义同中国实际相结合的第三次历史性飞跃。随着全面建成小康社会历史进程的推进，我国社会主流意识形态建设工作将不断取得新的进展，并显示出积极的指导作用。

二、党的十八大前中央领导人对推进社会主义意识形态认同的贡献

中国共产党历来重视意识形态工作，并不断对党内党外进行意识形态教育，加强社会主义意识形态认同，维护我国意识形态安全。

（一）毛泽东实现了马克思主义意识形态理论与中国实际的有机结合

毛泽东把马克思主义意识形态理论同时代特征、中国革命斗争实践、社会主义建设发展实际紧密结合起来，创新发展了马克思主义意识形态理论。

毛泽东创造性地提出了马克思主义与中国实际相结合的基本原则和方向，同时确立了社会主义意识形态的主导地位，形成了相应的思想体系，提出了实事求是的思想路线。马克思主义是中国共产党的指导思想，民族独立和人民解放运动都是在马克思主义指导下完成的。但是，在革命时期的很长一段时间里，一些党的领导人犯了"左倾"教条主义的错误，在革命过程中死板地照搬，给革命带来了严重的危害。具体来说，不同的国家有不同的国情。在中国，马克思主义必须与中国的具体实际相结合，才能在中国革命中取得成功。在这里，他发表了《反资本主义》等一系列著作，逐步形成了毛泽东思想，精髓就是"实事求是"。党的八大召开后，毛泽东坚持将马克思主义同中国具体实际相结合，在此原则指导下，把党的重点转向社会主义建设的决策，党和国家建设的主要任务转向大力发展生产力。党的八大召开期间，毛泽东强调坚持马克思主义一个最基本的原则，就是将马克思主义同中国具体实

际相结合。在这个原则的指导下，党的八大确定把党的重点转向社会主义建设的决策，党和国家的主要任务由解放生产力变为集中力量发展生产力。毛泽东为中国特色社会主义意识形态建设奠定了基础。

（二）邓小平推进中国特色社会主义意识形态理论的形成与发展

谈论邓小平意识形态思想，我们首先想到的是解放思想、实事求是的思想路线，对于"什么是社会主义、怎样建设社会主义"的回答，四项基本原则的确立等。十一届三中全会后，邓小平在总结意识形态工作的经验教训时针对意识形态领域里出现的错误倾向，提出把马克思主义关于意识形态思想同中国具体国情相结合，将四项基本原则作为根本立场。1979 年 3 月，邓小平作了"坚持四项基本原则"的讲话，他在讲话中指出："坚持社会主义道路，坚持无产阶级专政，坚持共产党的领导，坚持马列主义毛泽东思想，这是实现四个现代化的根本前提。"这里所提出的"坚持四项基本原则"是说改革开放的进行必须以此为前提。通过建国之后对社会主义建设的经验教训的总结，提出建设有中国特色的社会主义，标志着中国特色社会主义的诞生。

邓小平正确分析意识形态安全面临的形势，为维护意识形态安全清理思想障碍。面对"文革"结束后思想僵化的意识形态工作局面，邓小平提出要回到"实事求是"的思想路线上来，并创造性地把实事求是与解放思想联系起来。他积极支持"真理标准"大讨论，亲自作《解放思想，实事求是，团结一致向前看》报告，他说："解放思想，开动脑筋，实事求是，团结一致向前看，首先是解放思想。""解放思想、实事求是"纠正了"文革"中对意识形态社会功能的扭曲，使意识形态的社会功能重新定位到正确的位置上来，这一主张为在正确的道路上开展社会主义意识形态建设提供了保证。解放思想、实事求是成为我们党根本的思想方法。"文革"结束后，邓小平继承了毛泽东思想，高举毛泽东思想的旗帜并对毛泽东做出了客观的评价，从而避免了完全否定毛泽东可能造成的社会主义意识形态认同危机的灾难性后果，又促使社会主义意识形态回到理性认同的正确轨道。"理论只要说服人，就能掌握群众；而理论只要彻底，就能说服人。"邓小平提出的社会主义本质论，第一次明确地从生产力和生产关系的辩证统一运动中阐述了社会主义的本质，这是对历史唯物主义理论的重大突破。同时强调改革也是一场革命。

这些理论发展了马克思主义，大胆进行理论创新解释了意识形态领域的种种疑虑，增强了理论的说服力和解释力，巩固了人民群众对社会主义意识形态的认同。邓小平深刻总结了中华人民共和国成立以来社会主义建设的经验教训，在新的历史条件下迅速把党的工作重心转移到经济建设上来。1992年初的南方谈话中，又把发展生产力上升到社会主义本质的层面上来，相继提出了"发展才是硬道理""三个有利于"等著名论断。明确只有通过促进经济发展，不断提高和改善人民的物质生活，彰显社会主义的优越性才能赢得人民群众对社会主义意识形态的认同。

这一时期我国在经济建设方面取得了重大成就，1979到1990年，国民生产总值平均年增长8.7%，国民收入从1978年的3010亿元增长到1990年的14300亿元。改革开放使中国发生了历史性的变化，大大解放了社会生产力，政治局面安定团结。11亿人口的衣食住行问题已经基本解决，正在向小康社会迈进。中国经济建设迈出了一大步，人民生活迈出了一大步，综合国力迈出了一大步。正是由于国民经济持续高速的发展为实现社会主义意识形态认同提供了有力的经济支撑，邓小平指出："人民现在为什么拥护我们？就是这十年有发展，发展很明显。"① 邓小平理论契合了民众的社会心理，正如他本人所总结的："我所做的事，无非反映了中国人民和中国共产党人的愿望。"② 因而也就更容易为人民群众所认同。

（三）江泽民把中国特色社会主义意识形态理论推向 21 世纪

江泽民作为党的第三代领导集体，依据当时国内外发展的情形和对前人的继承发展，形成了意识形态的新概括和思路。在现实生活中，意识形态工作被极度边缘化，意识形态的功能在相当长的一段时间内被漠视。面对这一严峻形势，江泽民广泛地与各国开展经济、科学技术、文化教育等交流活动。与此同时，他要求注重意识形态的战略地位，坚持巩固我国社会主义意识形态宣传的主阵地。为顺应历史趋势的发展，江泽民同志审时度势，提出"三个代表"重要思想，十六大上被正式确立为党的指导思想。"三个代表"重要思想是党走入新的历史时期的新要求，是中国特色社会主义意识形态的新的发展。

江泽民清醒认识到社会主义意识形态安全问题，强调意识形态是"党的生命的一部分"。江泽民强调要时刻警惕西方意识形态渗透，抓住意识形态工作不放松。江泽民深刻思考东欧剧变在意识形态方面的原因，尖锐指出："意识形态领域是和平演变和反和平演变斗争的重要领域。资产阶级自由化同四项基本原则的对立和斗争，大量地经常地表现为意识形态领域的思想理论斗争。"③ 在江泽民对意识形态建设的清醒认识和高度重视下，党中央集中全党的智慧，不断推进理论创新，形成

---

① 邓小平文选：第 3 卷 [M]．北京：人民出版社，1993：354．
② 邓小平文选：第 3 卷 [M]．北京：人民出版社，1993：151．
③ 江泽民文选：第 1 卷 [M]．北京：人民出版社，2006：160．

了"三个代表"重要思想，并且不断加强党员领导干部和广大群众的马列主义、毛泽东思想、邓小平理论教育，不断巩固党的意识形态阵地。

（四）胡锦涛在全面建设小康社会中坚持和发展了中国特色社会主义意识形态理论

胡锦涛对社会主义意识形态安全的重要性、紧迫性有着深刻的认识，并及时提出了加强社会主义核心价值体系建设的重大思想理论命题。在长期实践活动和共同的认识活动中，任何社会都会形成一定的价值体系。在党的十六届六中全会上，胡锦涛极具创造性地提出"建设社会主义核心价值体系"，并对社会主义核心价值体系的基本内容进行了阐述。随后，胡锦涛在许多场合阐述了社会主义核心价值体系的内涵、实质和意义，特别是明确指出，社会主义核心价值体系是全党全国各族人民的共同思想基础，是全党全国各族人民的共同利益所在。2007年6月25日，在中央党校的讲话中进一步强调："要大力建设社会主义核心价值体系，巩固全党全国各族人民团结奋斗的共同思想基础。"[1]在党的十七大报告中，胡锦涛做出了新判断："社会主义核心价值体系是社会主义意识形态的本质体现。"[2] 在党的十八大报告中，他进一步指出：社会主义核心价值体系是兴国之魂，决定着中国特色社会主义发展方向。这是社会主义意识形态理论的又一重大成果。

---

[1] 胡锦涛. 坚定不移走中国特色社会主义伟大道路，为夺取全面建设小康社会新胜利而奋斗［N］. 人民日报，2007－06－26.

[2] 胡锦涛. 高举中国特色社会主义伟大旗帜，为夺取全面建设小康社会新胜利而奋斗——在中国共产党第十七次全国代表大会上的报告［M］. 北京：人民出版社，2007：34.

三、以习近平新时代中国特色社会主义思想为指导推进社会主义意识形态认同

习近平同志指出："中国特色社会主义进入了新时代，这是我国发展新的历史方位。"① 这一结论是基于世界和中国发生的深刻而复杂的变化，符合中国特色社会主义发展的客观现实，具有丰富的内涵和重大的意义。认识和把握中国特色社会主义进入新时代的重要性、内涵和影响，对于开启新的征程，进入新时代具有重大意义。

（一）新时代中国特色社会主义理论形成的特殊价值

习近平总书记在党的十九大报告中提出：中国特色社会主义进入了新时代。这种重要的政治判断，不仅是世界环境变化的现实要求，也是中国特色社会主义建设步伐加快的必然结果。

1. 中国特色社会主义进入新时代镌刻着中国社会的历史性巨变

1921 年，在马克思列宁主义的指导下，中国共产党成立了。经过 28 年艰苦的革命斗争，他们推翻了帝国主义、封建主义和官僚资本主义，实现了民族独立、人民解放。随后，以毛泽东为代表的中国共产党领导中国人民进行社会主义革命，建立了社会主义基本制度。在党的第二代领导核心邓小平的领导下，进行了改革开放的伟大革命，把中国的发展同世界的发展紧密联系起来，开辟了中国特色社会主义道路。进入 21 世纪后，随着世界政治结构的多极发展和经济全球化的到来，科学技术领域的革命性突破层出不穷，知识经济发展的势头迅猛，知识经济的发展速度也越来越快，中国的现代化建设正在蓬勃发展。江泽民同志提出"三个代表"重要思想，回答了"建设什么样的党，怎样建设党"

---

① 习近平. 决胜全面建成小康社会，夺取新时代中国特色社会主义伟大胜利——在中国共产党第十九次全国代表大会上的报告［M］. 北京：人民出版社，2017：10.

的问题。在此基础上，胡锦涛同志就"实现什么样的发展、怎样发展"提出了科学发展观。这些理论都是在对党在新的历史条件下的使命和执政党的性质、宗旨进一步认识的基础上形成的科学理论。新时代也需要新的理论，习近平新时代中国特色社会主义推进社会主义意识形态进入了一个新的阶段。近百年来中国共产党人的不懈追求和 40 年改革开放的伟大成就，成为中国人民和中国发展的坚强后盾，从世界大国到世界强国，中国已经站在世界舞台的中心。

2. 中国特色社会主义进入新时代绘就了中国特色社会主义发展的新蓝图

习近平总书记在中国共产党第十九次全国代表大会上提出了中国特色社会主义进入新时代的重要结论，为发展社会主义提供了时代依据。党的十九大站在新时代的起点，面对新的形势，提出了更高、更明确的未来发展战略目标和要求，提出了一系列新的措施。紧扣我国社会主要矛盾变化，统筹推进经济建设、政治建设、文化建设、社会建设、生态文明建设，坚定实施科教兴国战略、人才强国战略、创新驱动发展战略、乡村振兴战略、区域协调发展战略、可持续发展战略、军民融合发展战略，坚决打好防范化解重大风险、精准脱贫、污染防治的攻坚战，使全面建成小康社会得到人民认可、经得起历史检验。习近平总书记高瞻远瞩，未雨绸缪，提出了 2020 年到 2050 年的奋斗目标，明确从 2020 到 21 世纪中叶我们用两个 15 年，即"分两个阶段"或"分两步走"，全面建成社会主义现代化强国。新时期中国特色社会主义发展的宏伟蓝图，向世界展示了中国取得的成就和即将到来的胜利。

3. 中国特色社会主义进入新时代体现着科学社会主义发展的蓬勃生机

俄国十月革命把马克思主义带到了中国，为世界各国无产阶级革命、殖民地民族解放和半殖民地民族解放运动开辟了一条充满希望的道路。社会主义经历了从幻想到科学、从一国实践到多国发展、从高潮到低潮的曲折发展。它一直作为资本主义的对立面存在，受到资本主义国家的压迫和质疑。特别是东欧剧变和苏联解体后，一些资本主义国家一直主张结束社会主义，社会主义的持续发展面临着巨大挑战。但是，在中国共产党的领导下，中国人民高举中国特色社会主义伟大旗帜，在实现中华民族伟大复兴的过程中创造了一个又一个奇迹。"一带一路"和"命运共同体"的引入，也向世人展示了中国作为大国的"风范"，充分展示了强国的魅力。中国的快速发展表明，坚持科学社会主义和坚持马克思主义没有错。社会主义在中国的应用和发展，证明科学社会主义是社会的主题，具有强大的优越性和吸引力，它增强了人们的信心，为世界其他社会主义国家坚定不移地走社会主义道路提供了宝贵的实践经验。

中国发展的巨大成功，也为世界各国和民族加快发展、保持独立提供了新的方向。总之，这个新时代是一个更加成熟和全面发展的时代，这是中国共产党领导中国人民发展中国特色社会主义的前所未有的新时代，特别是党的十八大以来，党的创新精神和开拓精神是前所未有的。中国特色社会主义已经进入新时代的论断，增强了中国人民的道路、理论、制度和文化自信。坚持中国特色社会主义，中国共产党领导中国人民实现中华民族伟大复兴的勇气和信心，向世界证明了中国继续发展的决心。

（二）以中国梦和社会主义核心价值观增进社会主义意识形态认同

习近平总书记明确指出："必须把意识形态工作的领导权、管理权、话语权牢牢掌握在手中，任何时候都不能旁落。"① 提高国家文化软实力，要努力提高国际话语权，要发展 21 世纪中国的马克思主义。他指出："要加强社会主义核心价值体系建设，积极培育和践行社会主义核心价值观。"② 他强调，要把培育和弘扬社会主义核心价值观作为凝魂聚气、强基固本的基础工程，贯穿于社会生活方方面面。这些重要论述，抓住了增强社会主义意识形态话语权的核心，对于深入开展社会主义核心价值观教育，增强社会主义意识形态的凝聚力，具有重要的指导意义。

社会主义核心价值观是社会主义意识形态本质的集中体现，对于引领社会思潮，凝聚社会共识，增强社会主义意识形态的吸引力具有牵引作用。2013 年 12 月，党中央出台了《关于培育和践行社会主义核心价值观的意见》，2015 年 4 月，中央宣传部印发《培育和践行社会主义核心价值观行动方案》，这两个文件成为新时期加强意识形态工作的一个重要指导性文件。

2012 年 11 月 29 日，新一届中央政治局常委集体参观"复兴之路"展览，习近平总书记第一次提出中国梦，之后多次在不同场合以不同的形式对中华民族伟大复兴中国梦的基本内涵、实现路径、基本遵循进行深刻阐释。伴随习近平总书记对中国梦的深入阐发，中国梦以诗一样的语言魅力，以对未来美好生活憧憬的感染力，以呼唤、体现民族精神与

---

① 中共中央文献研究室. 习近平关于全面深化改革论述摘编［M］. 北京：中央文献出版社，2014：86.

② 习近平谈治国理政［M］. 北京：外文出版社，2014：154.

自豪感的震撼力，激发着每一个中国人的意志与信念，成为凝聚人心、提振士气的具有中国特色、中国气派、中国风格的社会主义意识形态新话语，引领着中华儿女为夺取中国特色社会主义事业新胜利而奋勇前行。中国梦不仅保持了中国特色社会主义的精神实质与科学价值，而且从话语体系上对中国特色社会主义进行了创造性转换，用最通俗易懂、最形象化的语言进行大众表达，向人民群众解读了中国特色社会主义道路，解读了人民期盼的共同富裕，解读了中华民族的伟大复兴，给当代中国社会和中国人一个既有憧憬有超越又能看得见摸得着的目标，一个既科学崇高又喜闻乐见的理想，让中国特色社会主义更加亲和、更加清晰、更加具体，赢得了中国社会的高度认同。同时，在国际上，越来越多的国家和人民关注和接受中国梦。中国梦在国内国外成为社会主义意识形态的成功创造。

第四节 苏联社会主义意识形态认同失败的教训

20 世纪 90 年代初，苏联解体，作为曾经的两极格局中的一级，苏联的土崩瓦解震惊世界，社会主义运动陷入低潮。尽管苏联的演变和解体有很多原因，是多因素综合作用的结果，但思想文化和意识形态上的原因起到了举足轻重的作用，尤其值得我们认真研究以吸取教训。

列宁为苏维埃俄国的社会主义意识形态的建立做出了艰辛努力，他把马克思主义基本原理与俄国革命的具体实际相结合，提出了"社会主义意识形态"概念。他提出"灌输"理论，揭示出工人阶级不能自己产生社会主义思想，工人阶级从自在向自为转变，由自发的经济斗争转向自觉的阶级斗争，必须向工人阶级灌输社会主义意识形态。在列宁的领导下，苏维埃俄国的社会主义意识形态初步确立起来。

斯大林时期的苏联正处于社会主义意识形态的初步发展阶段，非无产阶级思想并未彻底消除，同时也面临着国际上资本主义的思想冲击，因此斯大林强调社会主义意识建设的重要性，主张对国民进行思想政治教育并以此来抵制西方非社会主义意识形态的侵略。这应该说是必要的。但是另一个方面，斯大林时期，苏联的意识形态逐步走向教条化，把马克思主义当作不可更改的教条，将斯大林的讲话和论述奉为金科玉律，而不去结合苏联的历史和现实，由此带来苏共党员和苏联群众对社会主义意识形态认同的消极影响。

苏共二十大批判斯大林的个人崇拜，对于活跃思想文化氛围有一定的积极意义，但是赫鲁晓夫对斯大林个人崇拜的揭露和批判缺乏正确的、历史的分析，缺乏全面的、公正的评价，缺乏整体性考虑，也没有追溯历史以及探究制度形成的深层原因，赫鲁晓夫把错误的根源全部归诸斯大林的个人品质，对其大加丑化。这种180度的大转变极易造成人们思想上的惘然和混乱，而非马克思主义和反马克思主义思潮则乘虚而入。另一方面，此次批判由于未能深入揭示个人崇拜的制度和文化根源，因而未能取得实质性成果，无法在苏联新政权建设的具体实践中完全摆脱斯大林模式。虽然赫鲁晓夫时期实行的政策是对集权的一次改革，但是强制的意识形态仍存在于其思想文化领域，并没有突破斯大林时期的局限性，并使苏联逐渐在社会主义意识形态道路的建设上偏离马克思列宁主义的正确方向。赫鲁晓夫保留了斯大林时期对于资本主义文化的政策，强烈排斥资本主义文化，拒绝借鉴任何资产阶级文明包括其优秀文化，忽视了他国文化为本国所用的积极作用，导致文化发展相对封闭。

　　勃列日涅夫上台执政后，实行了一些改革，但整体过于谨慎，党内保守势力抬头。勃列日涅夫时期的苏联主要领导人高度集权，在位时间长，甚至实行终身制，导致领导层相对固定，拉帮结派现象严重，党内腐败风气盛行并日益严重，民众的支持在领导人权力的支配下发生了变化，依附性支持以及贿赂官员现象频发，严重阻碍了苏联人民对于社会主义意识形态的认同。勃列日涅夫时期的政策利用坚持马克思主义的虚假表象，掩盖了日益僵化的社会主义意识形态。此外，苏联的经济就像一个停滞不前的车轮，勃列日涅夫对经济体系中的创新和改革并不彻底，它们并没有从根本上改变高度集中的经济体系，同时也没有解决如何使经济持续稳定增长的实质性问题。勃列日涅夫上台后，苏联共产党领导层注意到思想教育对年轻一代的重要性和艰巨性。但这些仅仅是形式主义，基本上没有被付诸实施，也没有被详细而深入地解释和归纳，从而形成了一种形式主义氛围，影响了苏联知识分子与青少年对马克思列宁主义的认同。勃列日涅夫还拒绝吸收资本主义文化的宝贵元素，并不断反对资本主义意识形态，这些导致矛盾越来越深，社会动荡越来越大。

　　戈尔巴乔夫时期的国内外环境使苏联的社会主义建设面临更加严峻的挑战，国际上以美国为中心的西方资本主义国家全面推行"和平演变"政策，阻碍了苏联经济、政治、文化的发展速度，一定程度上阻碍了苏联社会主义意识形态的引领力作用的发挥，出现社会主义意识形态认同的危机。戈尔巴乔夫针对苏联的现状提出了社会主义改革政策，他多次宣称苏联处于"社会主义的发展阶段"，坚定主张通过改革使社会主义进行自我完善，改革必须在社会主义的范围内进行。由于改革的困难性、复杂性，在改革中措施不当、效果不佳、阻力增大的情况下，他试图用理论创新创造苏维埃改革的新局面。他在出版的新书中提出了"全人类的价值高于一切"和"全人类的利益至上"的观念，并且倡导以人道主义的理论分析当苏联的现状，他主张从人道化、民主化的角度出发看待国内外问题，以人道主义应对苏联的实际困境，动摇了马克思主义作为主流意识的地位，本质上是放弃了列宁的社会主义原则。戈尔巴乔夫还在全社会发起了一场思想解放运动，提出了开放化和民主化的政策。在动员人民积极参与政治，推动改革进一步发展的同时，戈尔巴乔夫也打开了社会主义意识形态的大门。此外，苏联在一定程度上放弃了新闻、出版和其他舆论领域的控制，为各种反苏、反共和反社会主义势力提供了利用各种舆论工具来否定共产党和社会主义意识形态的历史必然性和合理性的机会。在很大程度上动摇甚至摧毁了官方社会主义意识形态，否定了马克思主义的指导思想地位，导致了思想上理论上的严重混乱。简要梳理上述过程，我们可以得出如下主要教训。

一、教条主义是社会主义意识形态认同的严重威胁

马克思主义之所以是具有强大生命力的科学体系，与其开放性是密不可分的。实践在发展，马克思主义理论也要不断发展创新。苏联从斯大林时代起意识形态领域长期存在教条主义，这严重禁锢了人们的思想、扼杀了人们的创新意识，从而使马克思主义日趋僵化。对马恩列和斯大林在特殊语境和历史背景下的论述不加分析地照搬照抄，机械地运用到苏联社会主义建设中，把经典作家的语录作为判断思想和政策正确与否的标准。在这种背景下，党的理论工作不是结合实际运用和发展马克思主义，而是教条化地对待马克思主义；不是用马克思主义的精神实

质指导实践，而是机械地宣传马恩列的具体论述。这样，苏联马克思主义的理论指导作用名存实亡，有的只是对教条主义的宣传，而这些与现实脱节的教条宣传根本不能赢得党员和群众的真正认同，苏联社会的信仰危机日渐累积。由于不能立足新情况、解决新问题，不能对人民群众关注的热点难点给予及时准确、令人信服的解答，这种教条主义理论不可能得到人民群众的真心接受和拥戴，而只能依靠国家机器的强制灌输来暂时维持，最终必然丧失对人民群众的吸引力和凝聚力。

二、动摇马克思主义指导地位，就动摇了社会主义的思想根基

不搞本本主义、教条主义，并不是要改变马克思主义的指导地位，恰恰相反，反对教条主义正是要把实事求是这一马克思主义的精髓坚持好，坚决用马克思主义的立场观点和方法认识和处理意识形态问题。有研究指出，"苏联的乱，实质是先把思想搞乱了，而思想的乱又是从对斯大林的全盘否定开始的"①。批判斯大林的错误是应该的，但全盘否定则背离了唯物史观评价历史人物的基本原则，对苏联社会主义实践产生了深远的消极影响。全盘肯定或全盘否定这类主观武断的做法，根本不符合马克思主义的精神实质，对斯大林的不加分析的批判为苏联历史虚无主义的泛滥开了方便之门。苏共党的历史和苏联的历史都被置于了被质疑被否定的位置上，苏联社会主义的思想根基遭到动摇。不少苏联人民的政治信仰陷入迷惑和困顿之中，精神世界危机重重，许多人转而追求现实的物质享受，对政治的冷漠情绪增长。这种变化为自由化思潮

---

① 周新城. 对世纪性悲剧的思考：苏联演变的性质、原因和教训［M］. 北京：中国人民大学出版社，2000：11.

的进一步泛滥准备了思想上的条件①。后来，戈尔巴乔夫干脆改旗异帜，明确放弃马克思主义走上了民主社会主义的改革道路。苏共的蜕变主要内涵是两个方面，一是指导思想上的蜕变，从马克思主义蜕变为民主社会主义，二是党的性质上的蜕变，苏共党内产生了特权阶层。戈尔巴乔夫抛出新思维，以全人类的利益代替阶级利益，把阶级斗争理论扔在一边。实质上是对马克思主义的彻底"修正"。从根本上搞乱了人们的思想，成为"苏联演变的决定性因素"②。

三、放弃意识形态教育与管理，实质上就是放弃意识形态领导权

意识形态领导权不是空洞的口号，而要通过全面扎实的意识形态教育与管理落到实处。意识形态工作不同于一般的政治管理，行政命令的简单粗暴方式不仅难有效果，甚至容易产生抵触或对抗的消极情绪，因此，精心细致、科学有效的意识形态管理和深入人心的意识形态教育就尤为重要。

戈尔巴乔夫打着民主化、多元论的旗号，在意识形态领域推行资产阶级自由化。他主张的民主化，是不分阶级、不讲专政和集中的民主，为反共势力的崛起打开了绿灯；他主张的公开性，是"毫无保留、毫无限制"的发泄，专门揭露并大肆渲染历史上和现实生活中的阴暗面和消极现象；他主张的多元论，是允许否定共产党的领导地位和马克思列宁主义的指导作用的言行合法化，听任资产阶级政党猖狂进攻和资产

---

① 李慎明. 历史的风：中国学者论苏联解体和对苏联历史的评价 [M]. 北京：人民出版社，2007：282.

② 周新城. 对世纪性悲剧的思考：苏联演变的性质、原因和教训 [M]. 北京：中国人民大学出版社，2000：23.

阶级思想自由泛滥①。戈尔巴乔夫领导下的苏共主动放弃了对意识形态的管理，把宣传舆论的主导权拱手让出，苏联放松了甚至最终取消了出版物检查制度，否定社会主义的声音一时间变得畅行无阻，马克思主义的观点反而备受冷落。后来的《新闻出版法》进一步通过新闻自由的名义为反马反社会主义的思想言论开道，有些报刊甚至刊登退党者的文章，攻击留在党内的都是"不正派的人"，造成的社会氛围加速了苏共的瓦解。

意识形态工作是关系执政安全和国家安全的极端重要的工作，必须加强对意识形态的法制化管理，明确各级党委、部门的意识形态主体责任，明要求、抓落实，守土有责、守土尽责。与此同时，意识形态工作是无形的思想工作，十分复杂，必须坚决克服简单化的倾向，避免单纯用行政手段，而要以思想教育为主，加强理论建设和创新的力度，以问题导向，深刻回答现实工作和生活中提出的重要理论和现实问题。同时要加强人文关怀和思想沟通，帮助群众解决好实际利益问题，确实增强社会主义意识形态的吸引力和凝聚力。

第五节 我国社会主义意识形态认同的启示

中华人民共和国成立后，党领导人民通过"三大改造"确立起了社会主义公有制经济在国民经济中的主导地位，我国社会从新民主主义走上了社会主义道路。进入社会主义时期，我国逐步建立起了国营经济

---

① 赵子林. 从文化安全视角反思苏联解体的教训 [J]. 天府新论，2010（2）.

和集体经济两种社会主义所有制形式，并根据苏联经验建立起高度集中的计划经济体制，这种体制在当时我国生产力水平极为低下，国家和人民财力、物力极为短缺的情况下，加上帝国主义的严密封锁的条件下，对于集中力量发展关系国计民生的经济项目和相应的产业起到了重大作用，并且对于建国初期最大限度地集中全社会的人力、物力、财力，保证国家重点经济建设，起到了积极作用。我国迅速建立起了一批为国家工业化所必需的基础工业，随后又进一步建立起了独立的比较完整的工业体系和国民经济体系，国防工业也从无到有迅速发展起来，科学技术和文化事业迅速发展，科学技术水平大为提高，经济建设取得了巨大成就。为我国建设富强、民主、文明的现代化的社会主义国家奠定了必不可少的物质基础。另一方面，党领导人民革除陈规陋习，破除封建主义、资本主义观念的主导，通过对错误思想的批判，对马克思主义的群众性学习运动，确立了马克思主义在思想文化领域的指导地位。在其后的社会主义建设和改革实践中，我们尽管也经历过曲折，意识形态领域也有过失误甚至错误，但改革开放后实事求是思想路线的重新确立保障了马克思主义、社会主义意识形态的指导地位，其间的经验教训带给我们如下启示。

一、必须坚决防"左"反右

"左"和右都不是实事求是，都不符合马克思主义。"左"的表现主要是停留在过去对马克思主义的某些原则、某些本本的教条理解上，而不是用马克思主义的立场、观点、方法分析变化了的客观实际，因此不容易接受改革开放的正确政策，甚至怀疑和否定改革开放①。"左"有一定隐蔽性，往往带有"革命"的色彩，给人越"左"越革命的错误印象。右的表现主要是动摇马克思主义的指导地位，怀疑和否定四项基本原则。

无论是"左"还是右，两种倾向的共同点都是没有把马列主义的基本原理同中国革命的具体实践相结合，都不符合马克思主义实事求是的基本原则，脱离了中国的实际，违背了客观规律和广大人民的利益，给中国革命和建设事业造成了巨大的损失。"左"让我们保守僵化、因循守旧、以本本为尊，不能根据变化了的实际创新思维，引领改革发展。在一些应该改，应该大胆突破陈规陋习、条条框框的束缚的地方停滞不前，贻误大好时机。而一些已经脱离实际的教条言论则被奉为至宝，不加分析地贯彻实施。右则是要对马克思主义和社会主义的根本原则进行突破，在一些不能改的原则问题上"解放思想"，其实质是要改旗易帜，改变党的性质和国家制度的颜色。"文化大革命"是极"左"思想和路线的集中体现，20 世纪 80 年代末的资产阶级自由化风波则可以说是极右思想的体现。无论哪一个都是对科学社会主义的背离，因此新时代我国的社会主义意识形态认同必须彻底认清"左"、右思想产生的根源，有效防止和消除错误思想倾向，才能增进对社会主义意识形态的认同。

二、必须摆正意识形态工作和经济工作的位置

社会存在决定社会意识，社会主义意识形态作为上层建筑的重要组

---

① 十三大以来重要文献选编：下册［M］. 北京：人民出版社，1993：2081.

成部分，必须建立在一定的物质基础上。我国社会主义制度建立后，迫在眉睫的首要任务是集中力量发展生产力，迅速改变国家落后的面貌，改善人民的生活，在此基础上充分展示出社会主义制度的优越性，让社会主义的原理在实践中得到验证，进而巩固人民群众的社会主义意识形态认同。也就是说，在社会主义改造已经完成，剥削阶级已经被整体消灭，阶级矛盾已经不再是社会主义矛盾的历史条件下，经济工作的中心地位应该被充分彰显，意识形态工作应该服务于党和国家的中心工作，为发展社会主义生产力提供方向保证、智力支撑以及精神动力。

20世纪六七十年代，我国曾背离马克思主义关于革命胜利后首要的任务是要尽可能快地增加生产力的总量的基本观点，在缺乏充分的物质保障基础上过分地抬高了意识形态在国家建设中的位置。由于认识出现严重偏差，我们过分夸大了意识形态领域的危险，偏离了实事求是的马克思主义轨道，本末倒置，把阶级斗争放在了国家工作的中心位置，实际上背离了八大关于主要矛盾的正确判断，经济建设的中心地位没能坚持好，事实上不仅迟滞了国家经济社会发展，而且从深层次上给人民群众的社会主义意识形态认同造成困扰。在四人帮"宁要穷的社会主义"的鼓吹下，社会主义与贫穷之间画上了等号，这显然是对马克思主义的背离，更是对社会主义的破坏。八届十中全会认为整个社会主义历史时期，始终存在着社会主义和资本主义两条道路的斗争，存在着无产阶级和资产阶级之间的阶级斗争，存在着资本主义复辟的危险性，阶级斗争反映到党内，成为产生修正主义的社会根源。因此阶级斗争必须"年年讲，月月讲，天天讲"①。这些论断，把只在一定范围存在的阶级

---

① 本书编写组. 政治经济学讲话（社会主义部分）［M］. 北京：人民出版社，1976：32.

斗争加以扩大化，绝对化，使阶级斗争扩大化的"左"倾观点更加系统化、理论化。"文化大革命"是这一理论的重要实践，给党、国家和人民造成了无法估量的巨大损失。因此，我们务必要吸取教训，坚定不移地以经济发展为中心任务，实现社会稳定，从根本上巩固社会主义制度，在满足人们日益增长的物质文化生活需要的前提下进一步增强人们对社会主义意识形态的认同。

三、既要反对淡化意识形态也要防止意识形态泛化

意识形态工作既不能淡化，也不可泛化。淡化意识形态只是西方一些资产阶级学者的谎言和陷阱，是用来迷惑社会主义国家的人民的。在现在世界上尚存在资本主义和社会主义对立的前提下，在我国国内阶级矛盾还在一定范围内长期存在的条件下，意识形态不可能被淡化。那些打着淡化意识形态的幌子的言论，要么其背后真实的目的是取消马克思主义的指导地位，要么就是被人所惑，天真地以为社会主义和资本主义可以趋同。

意识形态泛化则是另一个极端，不能把正常的思想争论、学术探讨、政策认识上的差异统统归结为意识形态之争，动不动给人扣"左"或右的帽子，否则，任何一点思想创新和改革推进都将寸步难行。

在新中国艰难探索社会主义建设的过程中，由于对社会主义的本质和建设规律的认识尚不深入，又缺乏可靠的经验借鉴，我们曾经在建设上犯过"左"的错误，反映在意识形态工作上，曾在一定时期内出现过意识形态泛化的错误，集中表现为：乱贴意识形态标签，把正常的思想分歧和学术、艺术争论化为意识形态之争，贴上"左"或右的符号，使意识形态工作简单化、泛化。突出表现在思想文化领域的不同思想、

不同学术观点直接政治化，用对待敌我矛盾的方法开展政治大批判。如建国初期对于电影《武训传》的批判、对于胡风的批判等，都在一定程度上混淆了两类矛盾，尽管在促进知识分子学习掌握马克思主义，运用唯物史观和阶级方法分析和思考问题等方面起到了积极作用，但是由于上纲上线，将思想问题、学术问题简单粗暴地意识形态化，背离了"双百方针"，造成了严重的消极影响。调查组甚至为武训扣上了"大地主""大债主""大流氓"的帽子，《人民日报》也批判《武训传》是《反人民反历史的思想和反现实主义的艺术》，这都有其片面和偏颇之处。1955年对胡风文艺思想的批判后来也转向了政治批判，甚至依据一些没有核实的私人信件就把胡风及同他有联系的一批文艺工作者定为"反革命集团"来斗争，混淆了两类不同性质的矛盾，"影响了一个时代的文化环境和知识分子的心理，不少忠言直谏之士因此心魄震悸而三缄其口"①。

第六节　推进社会主义主流意识形态认同要克服的问题

一、认同表面化

认同表面化是社会主义主流意识形态认同的推进过程中的阻碍因素之一，是指有些人能把"马克思主义"等话语脱口而出，记于书本，却不知道其精神实质，更不能以马克思主义指导行动。中国长达几千年

---

① 夏杏珍. 五十年国事纪要：文化卷［M］. 长沙：湖南人民出版社，1999：161.

的闭关锁国和开国以来的单一政治，让人民群众依从安邦定国的观点，有部分人认为只要依从就够了，而社会主义意识形态与自己生活无关，懂不懂都要认可，了不了解自己生活都不受影响。社会主义意识形态变为国家、少数知识分子的观点，大多数民众并不清楚具体的理论内涵，只停留在知晓是国家提倡的表面，并不主动去思考和探究社会主义意识形态的本质，只是肤浅地跟着拥护和称赞。然而，人民群众是社会主义意识形态的载体，只有社会主义意识形态得到广大人民群众的认可，并逐渐成为全华夏民族的共同价值取向，才能凝聚中华民族的力量。只有内存于心，并在生活中以社会主义意识形态为指导，才能为中华民族提供精神动力和精神财富。在经济全球化进程中，人们的主体地位得到了重视，人们的文化意识得到了恢复，自我意识得到了加强，作为社会主义意识形态，马克思主义应该真正实现其本土化，并在社会主义意识形态中保持其主导地位。社会主义意识形态应该在大众文化的创新中体现其文化品格，要把注意力转向人们的生活实践，深入人们的日常生活。只有这样，社会主义意识形态才能真正被人民所接受和认可，才可以从根本上预防和克服人们对社会主义意识形态的虚假和肤浅的认识。

二、认同概念化

社会主义意识形态的书本化、概念化很容易导致意识形态教育与社会生活的脱节，使教育失去原本的功能。有部分人只把社会主义意识形态当作一种记号标志，在文件上、书面上对国家提倡的社会主义核心价值观持赞同立场，对于现代社会提倡的社会主义意识形态持肯定立场，而实际过程中持质疑态度。他们以为这些都是学院派和统治者传授学说的工具和手腕，或者觉得这些都是党的宣传部门和课本上的章程，在事务中或进修中的学说指引，在文件成文中的章法条则，他们从心里就不信任或者没去思考。因此，要克服认同的概念化，要让社会主义意识形态鲜活起来，贴近人们的生活，以人民群众喜爱的形式，以流行语言和人们熟悉的生动例子来进行教育传播，增强社会主义意识形态认同的感染力和吸引力。

三、认同功利化

认同功利化是指，把对社会主义意识形态的学习当作自己进修、成才或者谋取某种个人利益的一种捷径。改革开放以来，社会价值取向也呈现多元化，在市场经济前提下，一些社会分子在思想上产生了功利取向加强、个人中心意识日益凸起、好大喜功和攀比成风等不良倾向。种种阴暗面驱使人们只在乎自己利益，对社会主义意识形态也采取这样的心理，只要对自己有效有帮助的就拥护，与自己无关的便束之高阁或假装应合，这对社会主义意识形态的建设和民众的认同度产生不良的影响。同时，社会主义意识形态主导价值观与民众基本需求出现矛盾，也导致认同功利化的滋长。深埋于大众心内的功利适用心理改变着人们对意识形态的批判、选择，特别是目前，还存在着许多社会问题，如贫富悬殊、腐败等问题，人民群众意识到社会主义意识形态的理论建设与实际政策实施之间存在一些脱节，因此要克服认同功利化，脚踏实地，真正让社会主义意识形态内化于心，外化于行，在投身社会主义意识形态建设和新时代社会主义现代化建设中贡献自己的力量。

第三章

自媒体时代大学生社会主义意识形态认同的现实态势

本章主要探讨自媒体时代社会主义意识形态的传播特点，以及社会主义意识形态在网络空间的构建现状，并思考自媒体时代带给大学生社会主义意识形态认同的现实机遇与挑战。

第一节　自媒体时代社会主义意识形态的传播特点

一、信号与噪音共存

随着数字技术的快速发展和自媒体的不断涌现，信息和"噪音"越来越多。在传统媒体中，社会主义意识形态宣传由制作者、编辑、领导等多层级严密把关，使它所发布的新闻是客观严谨的。这种严格把关使社会主义意识形态的传播具备了可靠性和可信性。然而，自媒体的出现极大地消解了把关的能力，在信息传递的过程中出现了很多噪音。对于网络传播来说，主客体之间的关系是不明确的、随机的，每个用户都可能是传播主体，用户的身份具有隐匿性和分散性，且主客体之间形成平行的、双向互动的即时交流关系。在自媒体中要对他们进行实时监管的难度很大。除此之外，自由的自媒体环境容易受到西方意识形态等各种噪音的渗透和影响。这些噪音很大程度上削弱了社会主义意识形态宣传的力量，从而影响了我国社会主义意识形态的主导地位。在自媒体时代，信号和噪音的同时存在时刻提醒着我们，只有不断加大网络管制的力度、净化网络环境，特别是高校校园网络环境，才能减少自媒体网络噪音，稳固我国社会主义意识形态的主导地位，发出正确引导新时代前进发展的讯号。

二、虚拟与现实交错

在自媒体快速发展的信息时代，人们处于一个"数字化生存"的环境，虚拟生存与现实生存同时并存，现实与虚拟的界限越来越模糊，人们不断在现实与虚拟之间转换，对思想观念和价值取向造成一定的困扰。在自媒体时代，应以现实生存为依托，以虚拟生存作延展，应关注虚拟社会与现实社会、虚拟生存与现实生存即"虚实"的关系，来实现虚实共生、和谐互动的良性循环。高校网络思想政治教育者具有虚拟性的特点，因为思想政治教育是通过网络而进行的，网络的一个重要特征就是虚拟性，因而作为教育者具有虚拟性的一面，但高校网络思想政治教育者毕竟是人或由人组成的一定团体，所以也具有现实性的特征。此外，高校网络思想政治教育者作为教育者，还存在角色转换的问题。随着自媒体虚拟空间的发展，人们对自媒体虚拟性更加依赖，社会主义意识形态的传播也必须适应虚拟性的特点，形成新的虚拟空间的教育传播体制。

三、自由与责任异步

自媒体是自由的，但这种自由并不是随意的。网络媒体的发言也需要遵循法律法规。创建出一个文明健康清朗的网络环境是我们应该肩负的时代责任。自媒体进入门槛低、缺乏专业人员把控信息安全，使得大量信息鱼龙混杂，海量信息中裹挟着大量虚假、垃圾信息，大大小小事情，都会第一时间反映到自媒体中来，从几个"点"开始的网络舆论事件，在短时间内就可能扩散，如果不能得到及时控制，将形成舆论事件。所以在自由和责任并重的自媒体时代，亟须创建出有利于社会主义意识形态传播的良好环境，我们一是要建立健全对微信、微博、抖音等新兴媒体的审查、监管机制和实时纠错机制，及时处理不良信息；二是要提高主流媒体对社会舆论进行正确引导的能力，在高校要充分发挥校园官方微博、微信等校园媒体平台积极发声的作用，积极正面宣传社会主义意识形态，唱响社会主义主旋律，努力建强建好校园网络文化高地。

四、单向与互动并行

传统媒体的信息传播是线形的、单向的。从信息的发布到信息的获取，都是由专业的媒体人完成的。而普通大众很难有机会自主地传播信息、发表观点。这种单向的信息传播方式虽然已经不适应自媒体时代，但仍然存在于我们的日常生活当中。

受众最广的自媒体传播，因为即时传播、精炼简短等传播特性，信息的发布者同时在接受着信息，信息的接受者也在网络上发布信息。自媒体为信息的双向流动搭桥建梁，促进了自媒体信息的传播和发展，互动性是自媒体的灵魂。随着自媒体影响力的扩大，越来越多的人加入自媒体时代的浪潮中，争相占领言论高地，成为引领舆论走向的"意见领袖"。传媒信息正在从单向到双向、部分到社会、官方向民间的趋势转变。社会主义意识形态的传播要适应自媒体传播这一特点，通过单向与互动相结合的方式，实现全方位、多渠道、多互动的传播。

五、碎片化与立体化同显

自媒体传播方式的立体化趋势，要求传播内容满足跨媒体、跨终端传播的要求。并通过图文、音频、视频等多种媒介形式进行表达，成为整合视频、音频、图片、文字等多媒体资源的全媒体。媒介之间的融合逐渐加深，自媒体与不同的媒介载体进行嫁接，进行经营与开发，建立一种新的立体化、多元化的模式，根据受众的不同需要，满足不同受众的不同媒介需求，利用计算机网络资源技术对其进行多方位化的传播，呈现出立体化的特点。

"碎片化"体现在传播的文字、形式内容的零散性。碎片化的文字往往只是字面意思的表达，缺乏事实判断和价值引导。这种碎片化的传播方式很大程度上削弱信息的完整性，使信息的接受者无法接收到完整信息，容易被误导，缺少理性思考。另外，"碎片化"虚假信息泛滥。自媒体能够隐藏个人信息，人们在自媒体上的发言开始变得肆无忌惮，越来越多的网络信息接踵而至，这些信息中不乏有错误信息，很大程度上对人们的思想价值造成了影响。

在自媒体环境下，媒体需要构建出一个以人为主体核心的信息观，提供给受众更多元的视角和更多向的思维，使之更加立体化地了解信息事实，以实现立体互动的信息观模式。自媒体信息传播不再局限于文字图片，更多的视频、动画音频等形式的出现丰富了自媒体信息传播的内容，促进了信息立体化的展现。而拥有碎片化阅读习惯的读者通过视频、动画等立体化形式更容易接收到信息。社会主义意识形态的传播也可以通过视频、动画、漫画、音乐等人们更容易接受的立体化形式来呈现，同时满足人们快捷便利的阅读习惯，来增强社会主义意识形态的感染力与吸引力。

第二节　自媒体时代我国社会主义意识形态
在网络空间构建现状

一、搭建自媒体立体传播互动平台

网络自媒体具有突破地理位置和时间限制的传播特质，因此为意识形态的传播提供了更为便利的渠道，全球化背景下各个国家都积极利用网络自媒体的优势创建属于自己的意识形态网络传播平台，从而使自己的国际地位有所提升并进一步扩大自己的势力范围。网络媒体已经成为各国传播和扩展意识形态的主要平台。国外媒体如 Radio Free Asia, Radio Australia, Deutsche Welle, Radio France International, Radio Canada 都开通了中国网站。这些网站是其他国家基于国家利益而设立，并带有较浓厚的政治色彩，但中国积极面对世界各国的信息冲击，在网上增加了主流思想信息的比例，并积极在世界网络空间为自己发声。

（一）形成多层外部网络传播模式

自 1995 年互联网媒体在中国开始普及以来，中国充分利用平台优

势开展对外交流活动。2019 年 4 月 16 日，中国域名工程中心发布了
"全球域名发展统计报告"。据报道，"截至 2018 年底，全球域名数量
达到 3.57 亿，比 2017 年底增加 1454 万（4.25%）"①。比上季度增长
了 313 万（增长率 0.89%）。在 2017 年下半年全球新顶级域名触底后，
在 2018 年开始缓慢复苏，并在 2018 年第三和第四季度呈现高增长率。
在全球十大域名注册商中，中国注册商阿里巴巴云和西部数据跻身前十
名。总的来说，中国在全球互联网信息领域建立了自己的声音。6 个中
心网站和 3 个地方英语新闻网站的国际频道以新闻为指导，立足中国国
情，及时全面地向全世界介绍中国的政治、经济、社会等各个方面，阐
述中国在内政外交上的重要立场。例如，People's Network 目前以简体中
文、繁体中文、英文、法文、日文、俄文、西班牙文和阿拉伯文向世界
发布信息。ChinaNet 使用文本、图像、音频、视频、动画和文本信息以
及九种语言发布信息。新华网依靠新华社遍布全球的分支机构的新闻信
息收集和发布系统，利用不同的语言不断更新网络信息版本。我国广播
电台依靠国际广播电台在全球设立多个海外办事处，并建立了包括简体
中文、繁体中文等在内的十七种语言的传播系统，其他权威性的新闻网
站（如央视国际、中新网等）纷纷建立起相应的涵盖多国语言系统的
国际化传播平台。中国本土的大型商业门户网站也开设了外文频道，促
进了各国经济交流，虽然这些不同类型的网站外文版仍处于探索时期，
存在各种需要解决的问题，如信息发布不足，缺乏服务意识，网站建设
水平低，但在提高中国和外界的沟通能力，快速传播中国的政策、民意
社情及文化、价值观等方面已经开始发挥越来越重要的作用，有力提升

①　2018 年全球十大域名注册商名单出炉［EB/OL］. 西部数码，2019 - 04 - 18.

了我国国家及政府形象。

（二）建立多梯度国内主流新闻网站

根据信息产业部和国务院新闻办公室关于互联网新闻服务管理的暂行规定，中国新闻在线传播的任务仅限于专业组织，为了保证高效地表达和传播社会主义意识形态，我国全面落实了创建具有权威性的国内网络媒介平台的规定。中国的新闻网站大致分为四个层次：第一层是由人民网、新华网、新浪网等组成的第一梯队；第二层是由网易新闻、百度新闻、中国网等组成的第二梯队；第三层以深圳新闻网、广西新闻网、金羊网等组成的第三梯队；第四层是由人气较低、排名靠后，并由主要由区域性特征决定的地方网站和专业网站。不同梯队之间、梯队内部的竞争日益激烈，但从2000年以来各梯队实力差距逐渐缩小并趋于基本稳定，说明我国这些重要新闻网站不断调整发展模式，积极创新传播方式，在一定程度上保证了网络中重点新闻网站的多元化并在网络信息格局中占据主导地位。中央新闻媒体网站、专业新闻网站、各级部门的新闻网站以及商业网站逐步形成了一个多梯度、全面化、层次丰富以及功能完善的网络媒体群体，充分显示了我国主流新闻媒体的优势，进一步扩展了我国新闻媒体的传播和作用范围。

（三）开通各级政府门户网站

政府是社会主义意识形态的主要建构者，是网络媒体治理的关键，因此开通政府网站是将网络空间归纳为社会秩序一部分的必然要求。政府门户网站的在线治理和信息服务能力不仅体现在网站本身，还体现在与政府与人民群众的实际沟通成效上。1999年，中国开始创建政府门户网站。在其成立初期，大多数政府网站只进行简单的信息宣传和灌输，主要发布各类政府机构的部门设立和发展情况，重要官员的个人信息、相关职能安排以及重大政策和各级行政指令。2002 年,中国相关部门发布了《关于建设电子政务的指导意见》,明确指出各级行政部门要加快政府信息公开以及提高服务水平的步伐。仅一年时间,大部分地级市政府都建立起了相应的官网,主要以解答群众基本问题,收集群众意见,解决群众困难为基本原则,为人民群众提供了服务便利。各级政府积极利用网络技术的优势,改善了政府形象,提升了主流意识形态的传播效果。

(四)建立网络思想政治教育平台

自 2000 年以来全国信息化工作全面展开,政府网站构建了网民教育的互动反馈机制。上海、南京等市政府网站在提供便民服务的同时,还开设了教育专栏,大多数政府网站都提供了在线审批、在线申请、在线采购和在线咨询服务,全面推进了"网络政务"的人性化发展。政府网站提供这些服务的过程中加强了网民的马克思主义理论教育以及具体实践活动。新闻媒体作为传播正确教育理念的重要媒介积极建立了相应的教育平台,部分重要的新闻媒体网站对于思想建设方面做出了相应的表率。"中国共产党新闻网""思想政治工作网"和"中国文明网"由中共中央宣传部、中央文明办牵头,根据"传播党的声音,加强党和群众的关系,推进党的工作,树立党的形象"的原则,在人民网上发布"中国共产党新闻",主要传播党的新闻,权威解读党的方针政策,进行思想教育工作。此外,根据教育部的相关意见,全国各高校都积极建立了思想政治教育网络平台,各高校红色网站的思想政治建设都取得了重大进展。高校网站针对青年团体的网络思想政治教育的实践正在逐步发挥作用,主要通过开设线上教育专题,并组织学生完成相关视频学习以及线上的测试,加强学生的理论教育,如南开大学的"觉悟网"。

（五）建立多层级自媒体话语平台

由中国社会科学院于 2019 年 6 月 25 日出版的《中国新媒体发展报告》是一本关于新媒体的蓝皮书，此报告预测，主流媒体建设的网络意识将进一步加强。中国的新闻博客在报道时效等方面具有相对的优越性，在一定程度上突破了专业新闻网站的限制，实现了各主体之间的无障碍沟通，进一步加快了网民获取消息以及媒体掌握最新社会舆论的速度，实现了信息的及时沟通、民意的直接表达以及舆论的自由传播。政府博客作为促进政府与网民沟通的自媒体平台，在舆论引导和意识形态教育方面发挥了积极作用。2000 年之后，美国前总统乔治·布什，英国前首相布莱尔，德国总理安格拉·默克尔等各国领导人纷纷开放博客空间。柬埔寨的艾哈迈迪内贾德和西哈努克亲王已开始积极参与民粹主义博客平台，并在奥巴马总统和麦凯恩总统的总统选举中听取民意。博主们再次通过沟通与对话在实现更直接的政治目标方面发挥了重要作用。而中国最早的政府博客是 2005 年底河北省公安局新闻中心在新浪网上开通的"公安博客"。海南省临高县县长福永以"福永"的名义进入天涯社区"海南大家庭"，并张贴了一个自称为县长的帖子，称"我很高兴与各界人士交往，他们关心和支持发展和建设"。2006 年，全国人大常委会委员、中央民委建设委员会副主任程义菊发表了一篇关于个人的文章，被称赞为"中国第一位官方博主"，这一年的两会期间，中央电视台首次利用博客在特别报道中发布信息并与网民互动。与此同时，一些人大代表和厅局级官员主动深入校园论坛与学生进行交流，通过自媒体平台与受教育者保持网络沟通指导学生成长，并积极利用空间缩小与学生的距离。再次是微博的出现进一步加快了意识形态的传播。新浪、网易、腾讯等门户网站于 2009 年陆续推出了相应的微博，微博具有更为快捷、开放、共享的功能。目前新浪微博占据大部分市场，微博热搜每分钟更新一次，涵盖国内外各种重大新闻，大大增加了时效性，同时微博的私信与评论功能进一步加剧了舆论的传播以及各种意识形态的交流碰撞。2015 年各大新闻媒体网站、商业网站等都开通了微博、微信公众号，充分利用自媒体平台进行相应的宣传与教育。此外，高校的微信公众号、抖音、直播微课堂等平台的开通成为师生网上良性互动的新平台，进一步使思想政治工作渠道得到拓宽延展，大学生意识形态教育由传统的"面对面"变为"键对键"，拓展了渠道，提升了效果。

二、构建自媒体多维安全管理体系

自媒体的自由开放性在为意识形态教育提供便利的同时也带来了一定的困难，管理的难度显著增加，意识形态安全问题日渐凸显。虽然互联网的管理可能涉及诸如言论自由、技术发展、文化传统等限制，但是互联网决不能成为法外之地。要通过法律规范、行政监管、行业自律、技术保障相结合，确保网络空间风清气朗，维护好网络意识形态安全。

（一）实行制度监管

对于自媒体平台实行制度监管主要是针对信息的复杂多样性而制定的从源头去抵制西方非主流意识形态的渗透，具体的制度主要有以下几个方面：第一是用户实名登记制度，主要是防止非法用户对网络秩序造成巨大破坏的现象的产生，用户在上网前必须提供有效的身份证或其他身份证明文件再进行相应的用户信息的登记，身份审核通过后才能进行互联网的访问。应跟踪申请批准的用户的账号、互联网时间、互联网地址、域名、电话号码等，并制作备份日期记录。同时，网民到网吧必须出示身份证明，网吧经营者要记录互联网信息，记录备份日期，并依法向有关部门提供相关信息，同时相关部门进行信息访问管理，即通过向网络扩展实权、实现实名管理来抵御网络媒体的虚拟不安全性。第二是经营机构实名审查制度。该制度要求互联网信息服务机构制定相应的技术和审查制度，并向有关部门报告审查或备案。网络行业的主要经营者在申请合法经营过程中必须进行实名申请，在提交相关材料过程中有必要提供有效的 ID 号，从而保证虚拟社会的身份能够实现精准的验证。第三是电子公告负责人制，该制度主要是指从事电子公告服务的主要负责人必须遵守相关规定，而且要向互联网机构提出专门申请或备案，也就是说互联网公告牌服务必须取得互联网信息服务许可证，才能保证其合法性。

中共中央办公厅、国务院办公厅发布的有关加强互联网工作管理的意见虽然不是正式的法律条文，但它进一步促进了网络媒体的信息传播。网络空间的内容监管是维护国家主权、信息安全和主流意识形态的网络法律法规的重要方式，公安部部门的相关监管法律经过不断修订适应了网络发展。2005 年，国务院新闻办公室和信息产业部共同发布了《互联网新闻信息服务管理规定》，在原有的基本条款中添加了两个新条款，包括不得登载、发送"煽动非法集会、结社、游行、示威、聚众扰乱社会秩序的"和"以非法民间组织名义活动的"新闻消息。同时，对于与社会主义意识形态传播关系最密切的新闻网站和其他重要信息网站，我国人大也制定了相关法律，更加有针对性地规范其传播内容，具体包含：非新闻机构设立新闻和信息服务单位，向社会发布新闻信息，提供时事电子公告服务，向公众发送当前的政治信息。根据

《互联网新闻信息服务管理规定》第二十条规定：互联网新闻信息服务单位应当建立新闻信息内容管理责任制度。不得登载、发送含有违反本规定第三条第一款、第十九条规定内容的新闻信息；发现提供的时政类电子公告服务中含有违反本规定第三条第一款、第十九条规定内容的，应当立即删除，保存有关记录，并在有关部门依法查询时予以提供。第九条规定：任何组织不得设立中外合资经营、中外合作经营和外资经营的互联网新闻信息服务单位。互联网新闻信息服务单位与境内外中外合资经营、中外合作经营和外资经营的企业进行涉及互联网新闻信息服务业务的合作，应当报经国务院新闻办公室进行安全评估。上述具体条例均有效规范了网络时代社会主义意识形态的发展与传播，进一步提供了法律保障。

（二）强化自媒体网络技术监管

当前中国的网络文化安全和先进网络文化建设已被列入国家技术发展的重要规划中，规划明确提出要建立全面的应急决策指挥平台，对国家公共安全进行早期监测、快速预警和有效处置，并致力于研究和开发网络信息安全管理技术，实现利用高科技手段有效阻止不良信息的扩散。当前我国的网络信息的监管技术已处于较为完善时期，主要表现为分不同层级进行了技术监管。第一层级是信息获取技术，包括主动获取技术和被动获取技术，主要是通过网络的相应入口去获取信息。第二层级是控制阻塞技术，该技术用于识别非法信息内容或信息传播者阻止或延迟用户访问它。一方面是基于我国当前的三个国家级的网管出口，这几个出口设置了特定的限制，国内外用户都无法访问这个关键入口，有效阻挡了外界的入侵。第三层级是信息的识别检测技术，该技术主要是通过对所获取的信息进行识别、判断、分类，有效阻止了黄色、暴力等信息的扩散以及病毒的入侵。第四层级是网络文化安全预警技术，即针对国家的网络安全制定了快速反应预警和应急机制，通过应用这种预警技术，可以及时发现不良内容的传播，跟踪、评估和预警网络文化发展中的各种热门文化现象。但是，面对普遍存在的信息传播渠道，这种僵化的控制往往表现出其调节滞后性，不能具有特定的普遍性，因此，这种强制渗透的有效性一直受到学者的质疑。罗斯托克指出，网络媒体不能被政治家控制，不管是通过法律还是炸弹，法律试图跟上技术，技术总是领先。网络媒体的自我规范是指网络媒体自觉地向全行业和特定的从业人员提出行业道德和职业标准，并自觉尊重和坚持。与外部技术和法律规范相比，这种自愿规范和自我管理在一定程度上更容易实现低成本的认可和普及，也是对网络法律管理的必要补充。

（三）建立自律协会

中国互联网协会成立于 2001 年 5 月，它由互联网运营商、服务提供商、系统集成商、设备制造商以及从事互联网行业的研究和教育机构组成。协会的主要职责是制定自律规则和惯例以加强对整个互联网行业的管理，网络服务是涉及中国互联网行业自律的重要任务。互联网协会还制定了大量的公约以保障网络秩序的稳定性，这些条约大部分与自媒体平台紧密联系，主要包括了如何维护主流意识形态的建设、维护信息的安全性、有关新闻媒体传播的相关机制以及公民上网的基本义务。目前，互联网协会网站上发布的"互联网媒体发展自律公约"已做出相关规定。为加强社会主义意识形态的建设，我国制定了与自媒体密切相关的条约，例如"中国互联网行业自律条约""文明互联网自律公约"，也制定了禁止色情网站、不良信息等纪律规则以及各项自媒体服务自律条约和文明博客计划。自媒体在网络空间的作用日益突出，而行业的自律是切实保障我国信息安全和文化价值观的必然要求。

第三节 自媒体时代大学生社会主义意识形态
认同面临新挑战

　　网络作为一个以实现"非歧视的互联互通"为原则的平台，虽然具有一定的"中立性"，但是从作为信息载体的角度看，它并非具有"价值中立性"，而是具有明确的意识形态性。自媒体平台在开放，交流，自由的背后依然被意识形态话语所牢牢掌控，不仅自媒体主体自身具有意识形态性，它的信息也具有意识形态性，而这种意识形态话语是非对称的。社会信息化实现了传媒的大众化，意识形态话语在自媒体时代转换为数字符号，大大突破了时间和空间的限制，拉进了受众与主流话语的距离，提高了传播效率，丰富了传播形式，使得社会主义意识形态话语的传播和受众的接纳得到了前所未有的扩大和提高。但信息的传播是双向的，在社会主义意识形态话语增强其感染力，传播力和实效性的同时，外来信息也同时突破屏障朝我国渗透。这种渗透因为自媒体媒介的特殊性，变得隐蔽而复杂，打破了主流话语对社会信息的绝对控制，给增进大学生社会主义意识形态认同带来了挑战。

一、信息全球化挑战国家话语权

　　经济全球化影响着世界格局的变化，随着发展中国家的不断崛起，世界物质力量的格局也发生了改变。但是发展中国家的国际话语权仍然处于弱势地位。近年来，中国经济实力不断提升，在国际中的话语权也得到了改善。但中国自身正面临着社会经济结构的转型并且处于社会主义意识形态的巩固阶段，我国在国际大环境下仍面临着以经济和军事为基础的物质性权力结构和西方意识形态观念结构对中国话语权的威胁和挑战。

随着 21 世纪信息全球化的到来，数字全球化成为时代的主流。线传感网、人工智能、虚拟现实、神经传感、全息影像等通讯手段，推动人类全面进入感知、互联、智能的现实世界，实现国与国、人与人、人与地球之间自主交流与沟通。而这种信息智能的全球化，很大程度上威胁着我国的话语权。当今世界的"数据革命"使大数据被赋予了多重战略含义。通过大数据分析战略性资产管理，提升治理效率、重构治理模式、破解治理难题，利用大数据分析全球经济中的低迷部分和新兴重点部分，分析国家安全问题，在大国之间博弈和较量。同样在大学生的日常生活中，西方意识形态借助自媒体等网络平台不断渗透，借助大数据分析大学生的行为特点、喜好倾向，并进行有目的的引导蛊惑，侵蚀他们的思想，抢占我国青年大学生，这种数据化的侵入也削弱着大学生对社会主义意识形态的认同。

二、去中心化解构主流权威

传统媒体的信息传播是由中心向外扩展的，官方主流媒体牢牢掌握着信息发布、解释等权力，有很强的掌控力。但是自媒体时代，每个人都是一个媒体，都能随时随地发布自己的信息，且自媒体时代的信息传播是网状结构，环环相连，形成倍增效应。这里不再有绝对的权威，传统主流媒体的权威性不复存在。自媒体的"去中心化"是指在自媒体中不存在集中所有权力的绝对核心力量，自媒体中每一个个体都能够对话语进行解构。有人把这种变化形象地比喻为由剧场到广场的变化，在传统媒体时代，只有剧场舞台上的人享有话语主导权，他们演唱，下面倾听。而到了自媒体时代，人们相当于生活在广场上，自由交谈，没有了演员和观众之间表演与倾听的显著区别。自媒体的发展壮大在时时刻刻地对传统的话语权威进行解构，去中心化时代正在逐步来临。自媒体的"去中心化"对大学生的主流意识形态认同会产生重大的影响，社会主义意识形态话语权的权威性受到自媒体的强大冲击和挑战。

三、多元化弱化情感认同

在全球化的时代潮流下，多元化因素不断涌入，大学生接受着来自不同方面的文化情感，这都悄无声息地影响着思想情感的认同。接受的文化越包罗万象，情感认同就越面临着弱化的危机。数据全球化便利了各国之间的沟通和交流，这种多元文化的输出和输入，在摩擦的过程中难免会产生弱化自身情感认同和增加对他方的情感理解。我国改革开放深化，除了文化交流的多元化，在科学技术、经济政治、社会习惯等不同方面也会产生"弱化"认同的现象。一方面，多元化确实削弱了情感认同，出现了崇洋媚外、数典忘祖的现象。在多元化的网络时代，社会成员通过互联网媒体了解资讯接受多元化的意识形态，实现信息的交互，作用于其他社会成员的思想意识。在当今社会，市场经济的趋利性、消费主义价值观的盛行，让人们对自身利益的诉求更加关注，社会主义意识形态影响力与权威性受到了严重挑战。在自媒体环境下，诸多社会现象被放大化地呈现出来，引起大学生的逆反心理，撼动着我国社会主义意识形态的地位。

但是从另一方面来讲，多元化弱化情感认同普遍存在，这种弱化情感一般体现在对自身固有的文化等的怀疑。例如在多元化交流的现在，我们开始讨论孩子是否应该像西方国家一样18岁以后就自我独立，也开始否定"养儿防老"等传统观念中的糟粕。从这个角度来看，多元化"弱化"情感认同并不完完全全需要否定。在多元化交流中，我们吸收到新知识、新文化、新观念，并且取其精华、博采众长、为我所用。

四、个性化衍生社会价值功利化

价值观是指引我们行动的方向和动力。随着社会经济的发展，价值功利化的盛行导致整个社会只关注金钱价值而忽视了社会文化价值。而个性化是一个人缺乏集体荣誉感的体现。自媒体时代的个体化特征体现在网络信息传播上，在网络媒体上，每个人都是话语的发言者和讨论者，每个人都有根据自身主观意愿来表达个人观点的权利。处于青年时期的大学生，其心智及价值观的形成并不完善，往往缺乏完整严谨的思考能力和行动力，思维行为容易受到影响，如果引导不够及时准确，会带来负面影响。当代大学生的生长环境多为独生子女家庭，从心理社会的角度分析，这类孩子的心里普遍缺乏集体观念，重视自身需求，追求自身的独一无二性，极易形成排他主义，容易忽略社会价值、文化价值等，仅仅局限于自身功利。

五、自主化挑战传统教育模式

自媒体削减大学生对社会主义意识形态认同教育的成效。自媒体所传递的信息中很多并非主流意识形态观点，很多自媒体传递的观点仅代表个人，这样的观点传递就存在着片面性和孤立性，导致了自媒体传播的信息鱼龙混杂、良莠不齐，在传统教育中，自上而下的灌输式教育模式是主要的教育方式，这种教育方式具有固定性和权威性。而这种固定死板的教育方式在自媒体的文化社会背景下，对当代大学生已经不具有吸引力。其次，一些反华势力和分裂势力也乘虚而入，宣传虚假信息，发表破坏民族团结和国家统一的言论，混淆视听，使大学生的价值取向陷入混乱的境地，已形成的价值认同也容易动摇，从而不能坚持内心的选择，明辨是非。多元意识形态的冲击使当代大学生对传统教学模式存在质疑，使得传统的主流意识形态教育吸引力弱化，很难真正深入到大学生的价值观念之中，从而削弱了社会主义意识形态认同教育的效果。

第四节　大学生社会主义意识形态在自媒体时代迎来新机遇

　　犹如一个硬币有两面，自媒体的影响也不是单一维度的，它也为社会主义意识形态认同也带来了机遇。

一、普泛性拓宽信息新场域

　　《淮南子·本经训》载："秉太一者，牢笼天地，弹压山川，含吐阴阳，伸曳四时，纪纲八极，经纬六合，覆露照导，普氾无私。""普氾"即普泛，普泛性是指遍及、普遍的性质。自媒体迅猛发展，逐渐实现全员普及，人人都是自媒体，人人都是小记者，没有国籍，没有地域，没有人种等界限，只要在自媒体上，人人都可以表达观点，发出声音。自媒体把一个个的个体通过网络连接在一起，范围之宽，涉及面之广，普遍而广泛，实现了全球化，海量信息不断涌现，为人们提供了全球性的无国界的自媒体信息平台，在社会主义意识形态认同建设中，可利用自媒体普泛性的优势来拓宽信息传播与教育引导的新场域。

二、强交互性拉近时空距离

自媒体的出现增加了社会主义意识形态社会整合的网络强交互性，为人们的交流沟通创造了条件。人们可以通过微博、微信、QQ 等社交软件进行评论、点赞、转发，表达个人意愿，进行思想交流，沟通更加灵活、便捷，更加生动。通过自媒体，天堑变通途，空间距离不再是困扰，时间阻隔也可轻易化解，键盘敲击之下，电光火石之间，就可以完成即时的信息传递，人们可以自由地开展思想交流、情感倾诉、资源分享……强大的交互性让自媒体时代的信息突破时空限制，在提供便利的同时也极大地吸引了大学生积极参与其中。在增进大学生社会主义意识形态认同中充分发挥这一强交互性的优势，发挥认同主体——大学生的主体意识，增强认同客体——社会社会主义意识形态的吸引力和凝聚力，进而，增强大学生对社会主义意识形态的认同。

三、圈群化凝聚群体认同

随着互联网的不断发展，众多年轻人抽离现实生活，在网络世界里充分展示着自身的个体化与个性化生活。网络信息技术不断更新，"网络社会化"逐渐占据了网络生活。互联网自媒体的发展拉近了人与人之间的沟通和交流。自媒体"圈群化"是指人们通过自媒体通讯手段形成一个个交流群体，构成交流圈子。人们通过网络社会传递信息，促进交流，在虚拟的网络世界创造出一个个完整多样的社会圈群。

　　微博作为受众性极广的通信交流软件，其圈群化性质是十分明显的。人们通过微博热搜、推荐、关键字、搜索、超话等多种方式了解社会信息，利用发博、转发、点赞、评论等方式表达自身观点，也可以利用二次评论、二次转发等与众多网民对社会事件、热点话题进行讨论评价。这种讨论往往会形成具有不同观点的不同群体，像是参加辩论赛一样各抒己见。值得一提的是微博超话。微博超话是根据不同圈群设立的讨论专题，人们根据自己的喜好关注选择不同的超级话题，进入专门设立的超话网页，通过浏览超话或者发布超话的方式与有共同兴趣的人进行交流而不被无关信息打扰。这种超话式"圈群"促进了交流的有效传递，拉近群体里各成员的距离，凝聚其观点的认同。除了微博圈群，微信朋友圈也是圈群化的体现。在微信朋友圈里发布自己的想法观点，被圈内好友看到后加以评论点赞，形成观点认同和凝聚。随着自媒体的发展，可以利用越来越多的自媒体网络平台都具备的圈群化特征来凝聚不同学生群体对社会主义意识形态的认同。

四、灵活性丰富教育手段

　　自媒体的出现丰富了社会主义意识形态认同的途径，使社会主义认同通过网络传播平台的正确引导获得更多的认同。央视新闻设置抖音平台，正是灵活运用了自媒体手段，借助民众接受度更为广泛的平台，更新传统新闻模式，以轻松从容的口吻讲述新闻事实，使百姓更加容易地关注新闻，关注社会事件，并且获得社会主义意识形态的认同。在自媒体时代，大学生作为时代进步的主力军，学校和社会更是要重视自媒体环境下社会主义意识形态认同教育。网络思政教育作为在自媒体时代出现的教育新手段，在我国各大高校范围内积极倡导，通过微信公众号、抖音、微博、网页、直播等自媒体平台，用广大学生所熟悉、**喜爱**的方式进行及时的问题解决和价值观引导。例如湖南师范大学举办"辅导员直播"活动，通过自媒体直播平台，用新手段向广大学生普及知识并进行思想引导。诸如此类，各大高校的微信公众号推文成为高校和学生互动的最主要方式之一。学生通过碎片化阅读媒体信息，在无形之中接受价值观引导和教育，促进自身的价值观完善和发展，使高校意识形态教育在与网络自媒体的良好结合下焕发出了新的活力。

第四章

自媒体时代我国大学生社会主义意识形态认同实证调查

自媒体时代大学生社会主义意识形态认同的现状如何？本章运用基于 13 所高校的实证调查数据，开展系统的分析和研究，力图从整体上把握自媒体条件下大学生社会主义意识形态认同的真实状况。

第一节　自媒体时代大学生社会主义意识形态认同调查设计

一、问卷设计

根据本研究自媒体时代大学生社会主义意识形态认同的操作性定义和维度设想，将自媒体情况分为自媒体的使用、自媒体的信任、自媒体的影响模块，共为 10 个题目，其中多选题 2 个。将社会主义意识形态认同分为中国特色社会主义体系、社会主义核心价值观、中国特色社会主义道路、中西两种社会制度比较性认知、高校意识形态教育等模块，分为 18 个小题，其中单选 4 个，多选 14 个，具体信息见表 1。

表1 大学生自媒体使用与社会主义意识形态认同

变量	维度	指标	题目序号
自媒体 使用及认知	自媒体了解	法律法规	B7
		了解情况	B1
	自媒体使用	功能	B2
		类型	B3
	自媒体内容认知	社会热点	B9
		正负面信息	B4 B5 B6
	自媒体信任	时政新闻	B8
		总的信任	B10
社会主义 意识形态	社会主义 意识形态认知和认同	理论体系	C1
		核心价值观	C2 C3
		政治制度	C4 C5
		经济制度	C6
		道路认知	C7 C8
		媒介认同	C13 C14
		总的认同	Ci2
	中西意识 形态比较性认知	西方社会思潮	C11
		中国正面社会思想	C10
		中西社会制度比较	C10 - 2
	增进社会主义 意识形态认同的途径	意识形态教育	C9 C16 C17
		认同途径	C15 C18

二、问卷信度和效度分析

本调查问卷采用 SPSS25.0 统计软件进行数据收集和分析。调查问卷的效度和信度是从内容上进行检验的。调查问卷的维度界定、选项均为基于相关文献研究成果进行综合考虑研讨的结果,组织大学生参与试卷制作和修订，基本保障了问卷的维度和题项覆盖了与社会主义意识形态认同各方面问题。为保证问卷的可信度和有效性，首先对问卷进行信度和效度的检验。

1. 信度

表 2　信度检验

克隆巴赫 Alpha	项数
0.861	19

为检测问卷量表是否能全面反映测量目标（内容范围足够大）又有较高内部一致性的量表，故而采用 Cronbach's α 系数对其进行信度检验。通过每个子量表的考察结果再来综合反映整个量表的情况，系数越大表示条目间相关性越好，一般而言，信度系数应该在 0 ~ 1 之间，α 大于 0.8 表示内部一致性极好，α 在 0.6 到 0.8 表示较好，而低于 0.6 表示内部一致性较差。由表 2 可知，本问卷量表的 Cronbach's α 系数为 0.861，则表示问卷可信度较高。

2. 效度

表 3　KMO 和巴特利特检验

KMO	0.869	
巴特利特球形度检验	近似卡方	46290.247
	自由度	6441
	显著性	0.000

为了测量问卷的有效性，进行 KMO 和巴特利特检验，由表 3 可知，

KMO 值为 0.869，大于 0.6，即问卷具有有效性，能够有效地反映大学生社会主义意识形态认同问题。

三、问卷发放和统计

笔者于 2018 年 3 月至 12 月，通过对湖南师范大学、中国矿业大学、湘潭医卫职业技术学院、西安科技大学、湖南大学 13 所东、中、西部高校在校大学生发放电子、纸质问卷 2723 份，回收有效问卷 2546 份，问卷有效率 93.50%。问卷调查采用匿名方式。问卷按照研究需要，采取随机抽样的方法，对本、专科各个年级的大学生进行问卷调查，以确保调查能够涵盖整个大学生群体，保证数据的有效性。其中，湖南师范大学 1022 人，占比 40.22%；中南林业科技大学 466 人，占比 18.34%；湖南都市职业学院 200 人，占比 7.87%；杭州电子科技大学 172 人，占比 6.77%；临沂大学 101 人，占比 3.97%；中国矿业大学 94 人，占比 3.70%；湘潭医卫职业技术学院 93 人，占比 3.66%；西安科技大学 88 人，占比 3.46%；湖南大学 79 人，占比 3.11%；湖南农业大学 69 人占比 2.72%；怀化学院 57 人，占比 2.24%；中南大学 50 人，占比 1.97%；长沙环境保护职业技术学院 50 人，占比 1.97%。样本详细信息及基本特征描述见表 4。

表4 样本特征描述（%，$N_总 = 2546$，$N_本 = 1203$，$N_专 = 405$）

变量	变量值	本科百分比	专科百分比	变量	变量值	本科百分比	专科百分比
性别	男	33.7	56.5	学科	文科类	57.2	19.3
	女	66.3	43.5		理科类	15.4	40.5
年级	大一	63.0	68.1		工科类	24.8	21.7
	大二	24.5	17.8		艺体类	2.0	1.2
	大三	10.7	13.6		农学	0.2	0.2
	大四	1.7			医学	0.4	17.0
学生干部	是	49.1	50.9	宗教信仰	基督教	0.6	0.5
	否	50.9	49.1		天主教	0.2	0.1
民族	汉族	89.0	91.1		伊斯兰教	0.3	0.2
	其他	11.0	8.9		佛教	4.8	7.9
政治面貌	群众	4.6	14.6		道教	0.6	1.0
	共青团员	89.2	83.5		无宗教信仰	92.8	89.6
	中共党员	5.6	1.7		其他	0.6	0.7
	其他	0.1	0.2				

由表4所示，在性别方面，本科大学生样本中，女生居多（66.3%），而在专科大学生样本中，男生超过半数（56.5%）；在学科方面，本科大学生样本中，文科占比最高，为57.2%，而在专科大学生样本中理科学生占比最多，为40%；在政治面貌方面，本、专科大学生样本中，均以共青团员占比最高，分别为89.2%、83.5%；在宗教信仰方面，本、专科大学生样本皆以无宗教信仰为主，分别为92.8%、89.6%；在担任学生干部方面，本、专科大学生样本中，学生干部的人数和非学生干部的人数基本持平，但专科大学生担任班干部占比（50.9%）稍高于本科大学生样本（49.1%）。

第二节　自媒体时代大学生使用自媒体及认知现状

在大学生自媒体使用情况及认知的部分，设计了 10 个问题，分别从其对自媒体的了解、自媒体的使用情况、自媒体对大学生价值观的影响、大学生对自媒体信任情况四个维度进行考察。

一、大学生对自媒体的使用现状

伴随信息技术的发展，自媒体时代也随之来临，一个多元的、竞争的、更加开放的信息环境逐渐取代了传统的一元主导的、带有浓厚政治气息的、相对封闭的信息环境。如今，自媒体甚至已成为人们的生活学习必需品，网络等大众传媒也在一定程度上对人们的思维、价值观以及行为方式产生了深刻的影响。尤其在高校校园内，大学生们越来越依靠自媒体以获取知识信息和建立社会网络。

将有关对自媒体了解情况的题目进行变量计算，再根据指标划分为低、中、高三个层次，结果如表 5 所示。

表 5　大学生对自媒体的了解程度（％）

项目	专科院校	本科院校
对自媒体了解较少	8.7	6.5
对自媒体了解一般	30.9	28.5
对自媒体了解较多	60.5	65.0

通过分析发现，大学生对自媒体了解程度整体较好。专科院校和本科院校差异不大。了解较少的均占比不到一成，对自媒体了解一般和较好的同学均占了绝大多数，尤其是对自媒体了解较好的同学比例均高达六成以上。其中，本科院校学生中对自媒体了解较多的高出专科院校学生将近 5 个百分点。

在使用自媒体过程中，各类自媒体功能使用情况如图 1 所示。

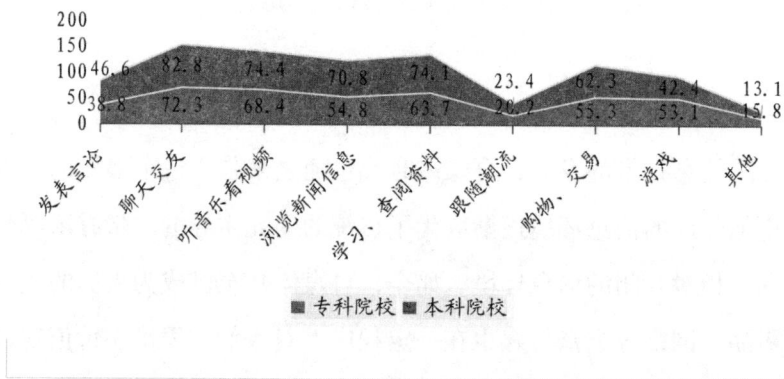

图1 大学生对各类自媒体功能使用情况（%）

整体来看，本科、专科学生对自媒体功能使用的分布大致相同，主要集中在聊天交友、听音乐看视频、学习和查阅资料、浏览新闻信息等方面，其中聊天交友的比例最高，专科学生约占七成（72.3%），本科学生则达到八成（82.8%）。具体来看，专科院校学生仅在游戏方面的使用高出本科院校学生将近 10 个百分点，在自媒体的其他功能上，本科院校均高于专科院校，尤其在浏览新闻信息这一功能上，本科院校高出专科院校 16 个百分点。此外，在发表言论这一功能上，本科、专科院校均占比较低，本科占比不到半数（46.6%），而专科占比不足四成（38.8）。

大学生使用自媒体的功能呈现多样化的特点。自媒体充当大学生社

142

交娱乐、学习发展、消费生活等方面的重要媒介，大学生通过自媒体获取信息，了解时事新闻动态，增进个人对社会、国家的关心与了解。同时，大学生并不倾向于使用自媒体发表言论，说明他们能够保持一定的理性，不轻易发表个人观点。

图2显示的是大学生关注的新闻类型的分布。整体上看，本科院校、专科院校学生关注的新闻类型分布大致相同，选择不关注任何新闻内容的均不足5%，被访学生关注的新闻集中在影视动漫类、生活休闲类、社会民生类、教育文化类等类型，对工作求职类、经济财经类、情感八卦类、健康养生类等新闻关注相对较少。可以看出，大学生通过自媒体关注的新闻类型整体上偏重休闲娱乐方面，对自身的教育发展和社会民生发展也有一定的关注。

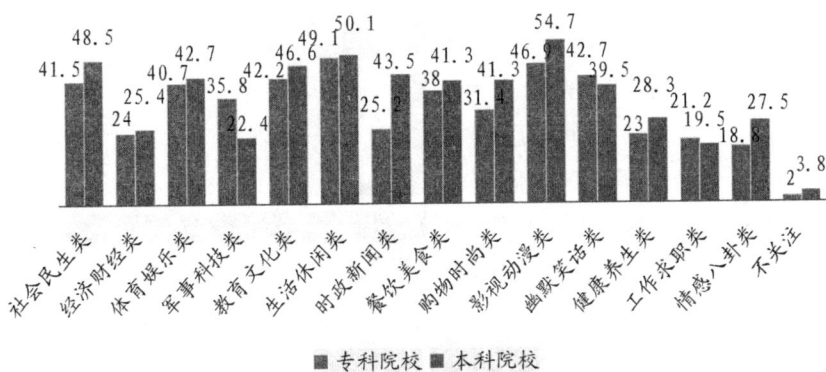

图2　大学生主要关注的新闻类型（%）

具体来看，专科院校学生仅在军事科技类、幽默笑话类、工作求职类的关注上高于本科学生，但对幽默笑话类和工作求职类新闻的关注本专科差异并不显著。本科院校学生对绝大多数新闻类型的关注高于专科，这与前面分析的对自媒体了解情况、自媒体功能使用情况有一定联系。此外，本科、专科学生在时政新闻类、军事科技类等类型上差异较大。在时政新闻类上，本科（43.5%）比专科（25.2%）人数高出将近20个百分点。可以看出，专科院校学生对时政新闻的关注偏少。

二、大学生对自媒体内容的认知现状

不同于传统媒体时代，自媒体时代的传播渠道、传播内容不再为新闻机构所垄断，而形成"人人皆媒体，人人播新闻"的传播形态。自媒体的存在促进了思维、行为方式的改变、公共话语权的转移、政治民主意识的强化以及文化语境和社会价值观的更迭。尤其是在自媒体背景下的大学生，价值判断和文化边界逐渐模糊。

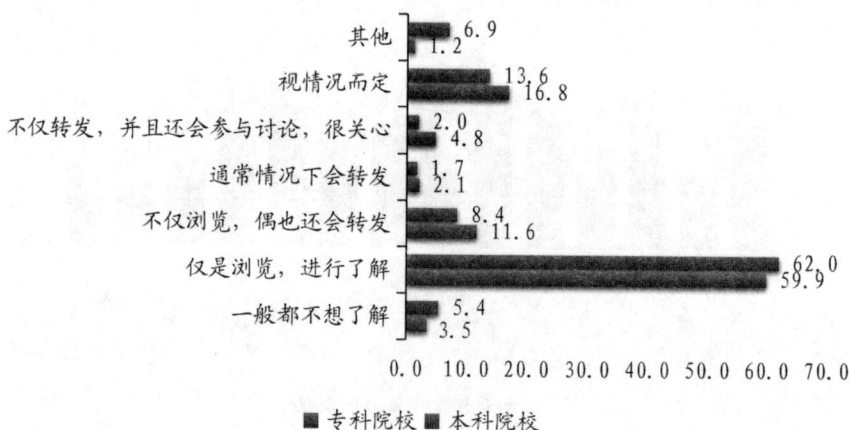

图3 大学生对网络社会热点问题报道的态度（%）

由图3可知，对于网络上的社会热点问题报道，六成的大学生（本科59.9%，专科62%）倾向于采取"仅是浏览，进行了解"的做法，少部分的大学生表示"视情况而定"（本科16.8%，专科13.6%），而

选择"不仅转发，并且还会参与讨论，很关心"做法的人仅占很小一部分（本科4.8%，专科2.0%）。从图4来看，本专科分布基本一致，且两者差异并不大。从中可以看出当代大学生对于社会热点问题有着较高的关注与关心，但更多的时候他们仍是以"沉默的观察者"的身份自居，而非积极参与到公共讨论中。

通过大学生对自媒体上的价值观点、负面信息以及先进人物和事迹这三个方面所秉持的态度，探讨自媒体对当代大学生价值观的影响情况。

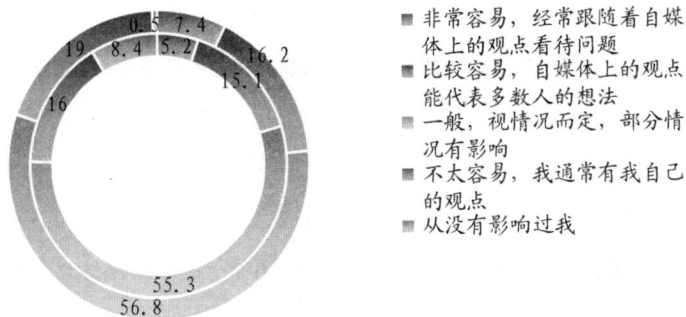

图4　大学生对自媒体传播信息的态度（%）

注：内环专科，外环本科

整体上看，无论是本科院校还是专科院校，认为自媒体传播的观点在一定程度上会影响自身对事件的判断的均超过半数，甚至有超过两成的学生认为自媒体上的观点会轻易左右自己的判断。从图4来看，认为自媒体上的观点从未影响过自己的，专科（8.4%）高出本科（0.5%）将近8个百分点，这说明了自媒体传播的观点对当代大学生价值观造成了很大冲击，而本科院校的学生更容易受自媒体上的观点的影响。

社会负面信息往往更易引发人们的强烈关注与热烈讨论，甚至会激

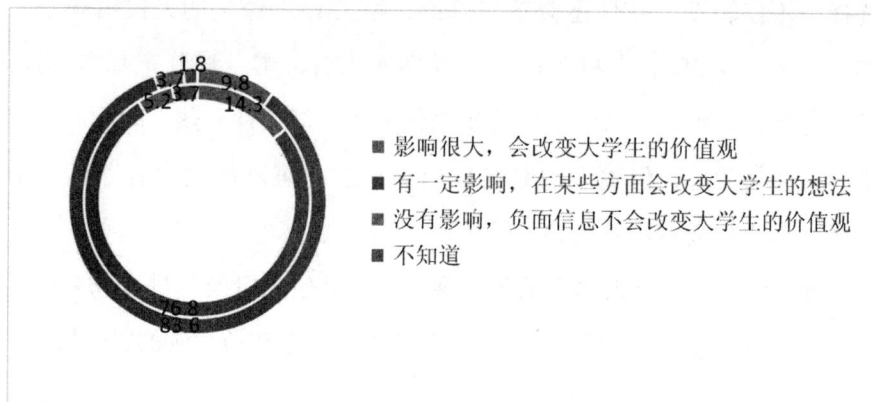

图 5 自媒体上的负面信息影响大学生的价值观形成情况（%）

注：内环专科，外环本科

起一些负面的、极端的情绪，大学生更易受极端情绪的煽动和影响。由图 5 可知，八成的大学生（本科 83.6%，专科 76.8%）认为自媒体上的负面信息会改变自身的想法；少部分大学生（本科 9.8%，专科 14.3%）认为负面信息对自身影响很大，甚至会改变自己的价值观。

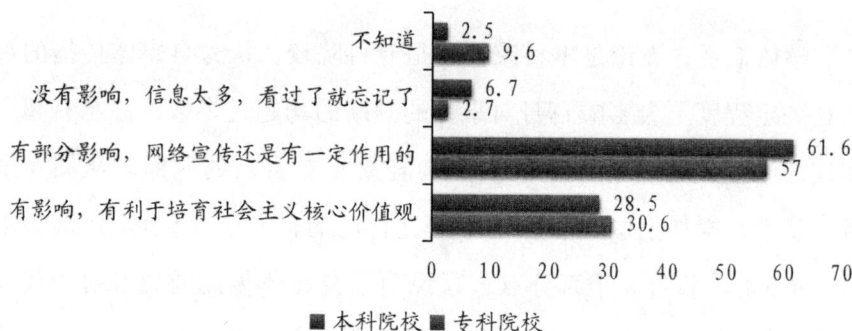

图 6 先进人物（事迹）的宣传对大学生的价值观的影响（%）

先进人物是指在思想、道德以及实践等方面表现优秀的人。先进人物具有道德性、民族性、时代性、群众性、崇高性，同时也具有说服力、示范力、导向力、感染力。图6显示，绝大多数的大学生认为自媒体宣传的先进人物及其事迹对大学生的价值观有影响。其中，超过半数的学生持"有部分影响，网络宣传还是有一定作用的"观点，本科大学生占比为61.6%，专科大学生占比为57%。可见，大学生肯定了自媒体在网络宣传上传播正能量的作用，认为自媒体对先进人物和事迹的宣传有利于大学生社会主义核心价值观的培育。

根据调查情况来看，当代大学生在很大程度上肯定了自媒体信息内容对自身价值观的影响。一方面说明了自媒体的作用不可忽视，另一方面也可看出当代大学生在混杂信息环境中保有一定程度上的自觉。自媒体时代是一个以碎片化、去中心化为特征的时代，"人人皆媒体，人人播新闻"，任何一个个体，既是信息的接收者，也是信息的传播者，甚至是分享信息的传播渠道。面对同样的信息，不同的个体也会得出不同的判断。碎片化意味着以往的常态标准的消解，也就意味着身处其中的信息接收者们难以形成一套价值观，尤其是成长于网络信息快速发展阶段的这一代，他们的价值观在一定程度上被网络信息内容形塑，造成了信仰价值的不坚定。当价值信仰不坚定，同时又缺乏独立的判断能力时，他们会更容易受到消极的、不健康的内容的侵扰，从而导致其认知偏差，甚至是价值观混乱，而这些对意识形态工作主体的权威也造成威胁与损害。

三、大学生对媒介的信任现状

媒介信任反映了公众对媒介的依赖程度和对媒介的主观评价。笔者认为，对一种媒介具有高信任度，意味着在很大的程度上"我相信你所说的"，也就意味着在很大的程度上我认同和肯定你所代表的团体的思想与行动。

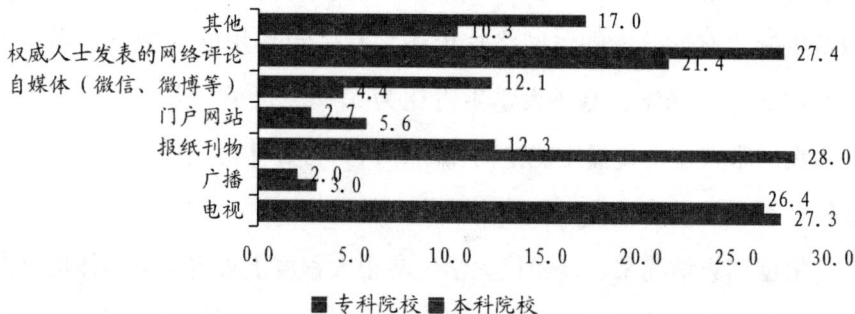

图7 大学生对媒介的信任状况（%）

根据图7，我们发现本科生、专科生在"更倾向于相信的媒介"上选择差异较大。报纸刊物（28%）、电视（27.3%）是本科生选择最多的两项，权威人士发表的网络评论（27.4%）和电视（26.4%）则是专科生选择最多的两项。具体来看，本专科生差异最大的两项是报纸刊物（本科28%，专科12.3%，相差15.7%）和自媒体（本科4.4%，专科12.1%，相差7.7%）。

这个结果是值得深思的。电视、报刊上所呈现的信息虽然在一定程度上表现出滞后性，但通常要经过严格的审查机制，在内容的可靠性方面有保证。相比而言，微信、微博等自媒体上的信息呈现出即时性、碎片化的特点，不同立场的人各执一词，舆论风向常常摇摆不定，因而在内容的可靠性上大打折扣。

图8显示当代大学生对网络上有关时政新闻言论的信任程度。可以

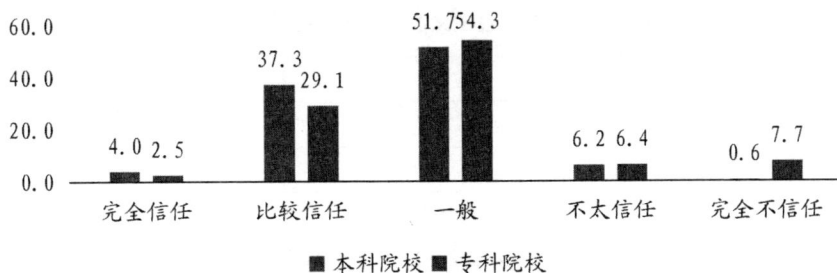

图8 大学生对网络上有关时政新闻言论的信任度（%）

看出大部分学生的信任度处于中等偏高的水平。将信任程度从低到高，按1~5分进行赋值，分别计算出本科、专科的信任度平均值，得到本科生的信任度平均值为3.37，专科生为3.12，说明相较于专科生而言，本科生对网络上有关时政新闻言论的信任度更高一些。

第三节 自媒体时代大学生社会主义意识形态认同现状

一、大学生对社会主义意识形态的认知情况

认知指通过心理活动（如形成概念、知觉、判断或想象）获取知识。习惯上将认知与情感、意志相对应，我们将其作为认同的第一阶段。对认知状况的调查，设置了6个客观题目，以此来反映当代大学生对于社会主义意识形态认知现状，如表6所示。

表6　大学生对中国社会主义意识形态认知现状分布（%）

	项目	专科院校	本科院校
中国特色社会主义 理论体系	邓小平理论	77.0	95.2
	"三个代表"重要思想	78.3	97.5
	科学发展观	59.5	86.1
	习近平新时代中国特色社会主义思想	68.9	65.4
社会主义 核心价值观	富强/民主/文明/和谐	93.8	93.7
	自由/平等/公正/法治	83.2	93.2
	爱国/敬业/诚信/友善	83.5	94.6
社会主义 核心价值体系	马克思主义指导思想	67.2	70.3
	中国特色社会主义共同理想	69.4	68.7
	以爱国主义为核心的民族精神	75.8	90.3
	以改革创新为核心的时代精神	66.2	80.1
	社会主义荣辱观	42.0	61.6
中国特色社会主义 根本政治制度	人民代表大会制度	88.1	92.1
中国特色社会主义 基本政治制度	民族区域制度	76.5	89.8
	多党合作和政治协商制度	64.4	87.5
	基层群众自治制度	40.0	69.3
社会主义市场经济	市场在资源配置中起决定性作用	41.5	69.1

　　表6显示了被访大学生对中国特色社会主义意识形态的正确认知有效百分比。专科院校学生和本科院校学生均能较为准确地把握社会主义核心价值观、中国特色社会主义根本政治、经济制度等内容，但在中国特色社会主义理论体系、社会主义核心价值体系、基本政治制度、社会主义市场经济等内容上存在一定程度的认知模糊与认知偏差。通过对比可以看出，整体上，本科院校学生明显对社会主义意识形态的基本内容

有更为准确的认知，具体表现在本科院校学生对中国特色社会主义理论体系、社会主义核心价值观、基本政治制度以及社会主义市场经济等内容有更为准确的认知，而二者对根本政治制度均有较为准确的认知，且差别不大。以上分析可以看出，目前专科院校学生对于社会主义意识形态的认知水平一般，对于经常宣传的理论，如社会主义核心价值观等，有较好的认知情况，但是对于社会主义意识形态的基本内容依旧存在认知混乱、认知不准确和不完整的问题。

认知认同是情感认同产生的先决条件，没有深入的了解就不能产生情感上的态度，同时情感认同又会受到认知认同的推动而不断发展。通常情况下，人们通常较容易接收能够使其产生积极情绪的事物；另一方面，人们通常较难接收能够使其产生消极情绪的事物。分析大学生对社会主义意识形态认同的现状，主要从他们对社会主义国家认同、道路认同、政党认同、价值认同、经济制度认同和政治制度认同 6 个方面来考察。由于情感是一个很难用数字测量的指标，我们选用 19 个具体指标考察大学生对社会主义意识形态的认同，将每题中的"完全认同、基本认同、无所谓、基本不认同、完全不认同"五个答案选项按照 5 到 1 分进行赋值，最终通过计算变量将所有的指标分相加，以 19 分为单位进行等距划分，得出最终的认同程度划分，即"认同感很低，认同感较低，认同感较高，认同感很高"四个等级，以表示大学生对认同的情感的强弱程度，结果如图 9 所示。

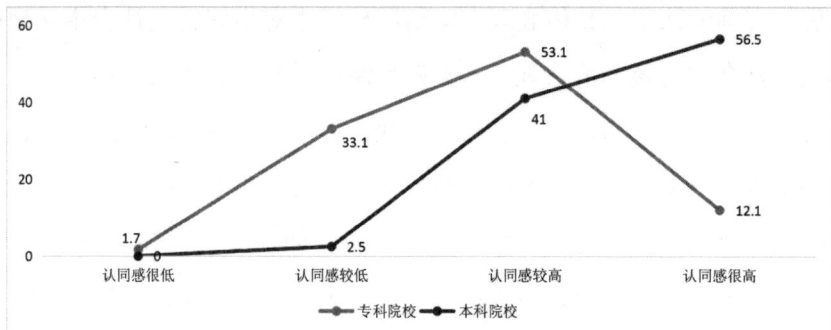

图9　大学生对中国社会主义意识形态的认同

除了图9呈现的频率分布，我们还对本专科学生认同感得分进行平均值上的比较，得到本科生的平均值为3.13，而专科生的平均值为2.76。这反映了当代大学生对中国社会主义意识形态的认同整体上处于中等偏高的水平。

通过对比可知，本科院校学生的认同高于专科院校学生，表现在本科生认同感较高和很高的占97.5%，而专科生仅占65.2%，尤其要注意的是，专科生中对社会主义意识形态认同感很高的仅占12.1%，与本科生形成鲜明的对比。由此可以说明，少部分大学生对社会主义意识形态的认知存在一些问题，甚至存在一定程度上的思想偏离与扭曲。

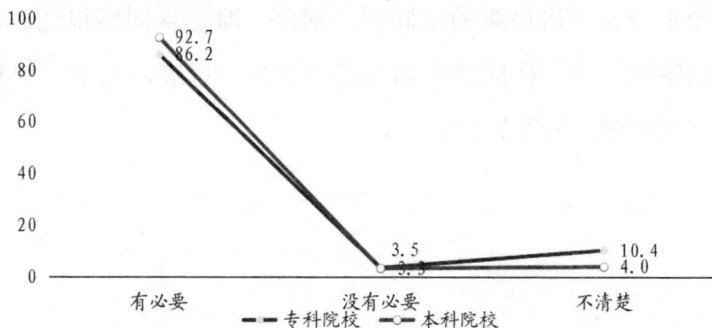

图10　大学生对坚持走中国特色社会主义道路的看法（%）

图 10 反映的是当代大学生对道路认同情况。由图可知，绝大部分的大学生认为在当今时代我国仍有必要继续坚持走中国特色社会主义道路，从整体看来，本专科生差异不大。

在网络信息时代，尤其是在我国这样一个特殊的社会环境中，对不同媒介所持有的态度在一定程度上能够反映其意识形态认同。由图 11可知，对于"获取信息更全面、准确、客观的渠道"的选择上，本专科分布一致，且二者差异不大。选择集中分布在"《人民日报》等各级官方媒体消息"和"各级政府部门的通告"（专科生选择达七成，本科生达八成），对于其他信息渠道的选择均小于三成。这说明，当代大学生对政府部门的通告以及主流媒体的报道具有较高的信任程度，尤其是当网络上对同一事件出现不同意见时，不同的媒介各执一词时，大学生更倾向于相信各级政府部门的通告以及主流媒体的报道，他们相信能够提供更全面、准确、客观信息内容的更多来自官方，而非民间的自媒体。换句话说，在自媒体时代官方话语权依然具有很大的影响力、辐射力与权威性。

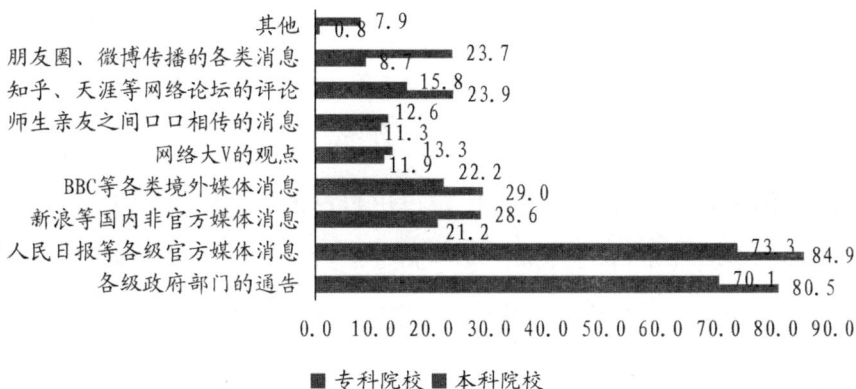

图 11 大学生获取更全面、准确、客观信息的渠道（%）

境外媒体宣扬的"中国威胁论"等说法,尤其是一些"反华势力"发表的言论,对社会主义意识形态认同无疑起到了消解作用。大学生对待国内主流媒体和境外媒体的态度可以在一定程度上反映其媒介素养以及对社会主义意识形态的认同。图12反映,当问及"国内主流媒体与境外媒体对同一敏感事件报道迥异时,您通常的态度",大多数人选择"通过比较得出自己的结论",少部分人表示"坚持国内主流媒体报道",表示"境外媒体的报道更加客观"以及"不关心"的均占比不足一成。

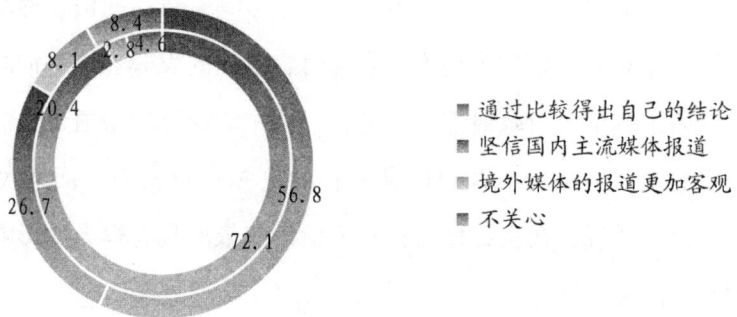

图12 大学生对国内主流媒体与境外媒体的态度(%)

注:内环本科,外环专科

具体来看,在选择"通过比较得出自己的结论"一项上,本、专科生差异明显(本科72.1%,专科56.8%)。这一点首先说明了在自媒体时代,受众不再单纯地、被动地接受媒介传播给他们的信息,而是表现为与媒介互动的状态,两者是互构的关系;另一方面,随着人们教育水平的提高,人们会根据自己的知识与经验发展出自己的一套关于社会的认知体系，并用这一套认知体系去理解他们的社会和生活。而本、专科生在这一点上的差异，一定程度上反映出教育水平对个人独立思考能力的影响，相对于专科教育更加注重实践的层面，本科教育对学生批判性思维的培养起到了更大的作用，因而在面对多方报道立场、态度迥异时，本科生相信自己的理性判断，而非偏向于哪一方媒介。

二、增进大学生社会主义意识形态认同的方式选择

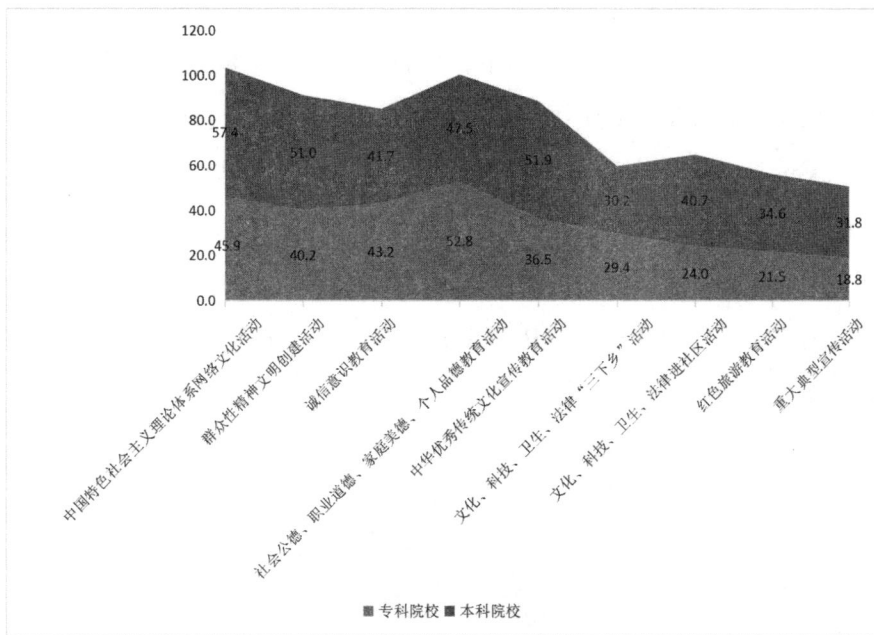

图13 大学生参加的教育实践活动情况（%）

从图13可知，社会主义意识形态本科院校学生所参加的教育实践活动相对更为集中，中国特色社会主义理论体系宣传普及活动（57.4%）、中华优秀传统文化教育活动（51.9%）以及群众性精神文

明创建活动（51%）均在五成以上。专科院校仅在"四德"教育活动和诚信意识教育活动上略高出本科，在其他类型教育实践活动上本科院校均超过专科，由此可看出本科生参与的教育实践活动更为多元。这说明了本科院校为其学生提供更多的教育实践活动的机会，从而达到普及社会主义意识形态相关理论、知识与文化的教育目标，相较而言专科院校更注重学生的职业实践。

　　任何一种教育活动的目的都在于提升参与者对相关文化知识的了解和认同程度，由此提升对隐含在内的意识形态教育的认同感，在高校，将思想政治教育融入学生活动中，寓教于乐，潜移默化地进行引导教育，从而增进大学生对中国的制度自信、理论自信、道路自信和文化自信。无论是本科院校还是专科院校，意识形态工作应与时代背景紧密联系起来，发挥多元主体的作用，让每个人都成为中国特色社会主义的传播者和共享者；教育实践活动应更加注重大学生的自觉性、主动性，更要从内容上丰富实践活动，从形式上吸引学生，促进大学生由被动参与向主动参与的转化。

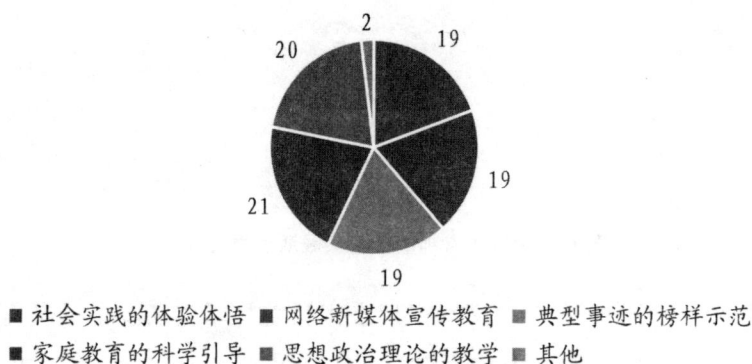

■ 社会实践的体验体悟 ■ 网络新媒体宣传教育 ■ 典型事迹的榜样示范
■ 家庭教育的科学引导 ■ 思想政治理论的教学 ■ 其他

图14　增进大学生社会主义意识形态认同途径（%）

　　图14具体展示了大学生对增进社会主义意识形态认同途径的态度分布，主要包括家庭引导、学校教育、典型示范、网络宣传以及社会实践等方面。从图中可以看到，大学生对这5个途径的认同程度差别不显著。具体来看"家庭教育的科学引导"这一途径占比相对较多，说明家庭对于大学生社会主义意识形态教育作用最重要；其次是思想政治理论教学，说明大学教育在社会主义意识形态教育方面承担着很大的责任；网络新媒体宣传教育与典型事迹的榜样示范也发挥了重要的作用。根据以上分析我们可以进行重要性排列：家庭引导 > 学校教育 > 网络宣传 > 社会实践 > 典型示范，这说明即使是在自媒体时代，大学生们也更倾向于肯定传统的教育手段与途径对增进社会主义意识形态认同中的作用。

　　相较于其他四种途径，网络新媒体宣传教育是提高社会主义意识形态认同的新途径，它与自媒体相生相伴，自媒体时代意味着所有人对所有人的传播，当我们沉浸在今日网络呈现出的百花齐放的环境中时，也应注意到信息内容的良莠不齐，也就更应注重意识形态的教育与整合。网络新媒体宣传教育更加节约传播成本，但在时下这个经济时代，单一而泛滥的信息内容不但不能引起受众共鸣，反而会让他们产生厌烦情绪和抵触的思想，因而更需要关注的是传播有效性的问题，不断优化传播内容才是提升有效性的根本途径。

三、自媒体了解程度与社会主义意识形态认同相关性分析

　　目前，以微博、微信、QQ空间、播客等为代表的自媒体平台迅速发展，已经构成了一个崭新而强大的舆论场，渗透到政治、经济、社会、文化等方方面面，深刻影响着大学生社会主义意识形态认同。本研究发现，自媒体了解程度与大学生社会主义意识认同呈正相关（见表7）。具体表现

为，对自媒体了解为完全不了解时，大学生社会主义意识认同感较低占比最高，为50%，随着对自媒体了解程度的提升，大学生社会主义意识认同度提高。可见，对自媒体的了解程度影响了大学生社会主义意识的认同。自媒体时代的大学生作为参与社会生活的主体，再加上，大学生对自媒体的依赖性较强，自媒体已经成为大学生获取社会信息和参与社会活动的主要渠道。他们往往通过自媒体中传播的信息、新闻等，进行社会参与，并且社会参与方式也往往是通过自媒体。置身于自媒体时代的大学生对自媒体的了解程度越高就越能够知晓自媒体中信息纷繁复杂、良莠不齐，越能够正确认识自媒体，区分自媒体中信息的真伪，分辨出歪曲事实信息和片面的信息，具备较高的社会主义意识形态认同。同时也要注意大学生涉世不深，大学期间处于价值观形成时期，自媒体中所含的大量信息，也可能对大学生社会主义意识形态认同产生不良影响。

总的来说，大学生对自媒体了解程度与社会主义意识形态认同具有正向相关关系，自媒体时代，大学生社会主义意识认同度处于较高水平。如何规避自媒体对大学生社会主义意识形态认同的负面影响、认同困境，这些也需社会、国家、学校、个体共同努力。

表7 大学生自媒体了解程度与社会主义意识形态认同相关性（%）

	认同感很低	认同感较低	认同感较高
完全不了解	20.0	50.0	30.0
不太了解	5.7	36.8	44.8
一般	2.1	29.2	56.4
比较了解	2.4	27.2	52.4
非常了解	7.5	27.0	51.7
卡方检验	$X^2 = 39.374$		Sig = 0.000

四、自媒体时代大学生社会主义意识形态认同调查结论

首先从整体来看：第一，当代大学生对自媒体了解程度较高，自媒体功能使用呈现多样化的特征，功能使用以及内容关注整体上偏向休闲娱乐。第二，在网络参与方面，当代大学生对于社会热点问题表现出较高的关注与关心，但更多的时候他们仍是以"沉默的观察者"的身份自居，而非积极参与到网络话题讨论中。第三，自媒体信息内容在很大程度上对大学生的认知、价值认同造成影响。第四，在媒介信任方面，当代大学生对网络上有关时政新闻持有较高水平的信任度，他们更倾向于相信电视、权威人士提供的信息和观点。第五，在社会主义意识形态认知层面，大部分大学生能较为准确地把握社会主义核心价值观、中国特色社会主义根本政治制度等内容，但对中国特色社会主义理论体系、社会主义核心价值体系、社会主义市场经济等内容存在一定程度的认知模糊与认知错误。第六，当代大学生对社会主义意识形态认同整体上处于中等偏高的水平。相比于非官方、境外媒体发布的信息内容，他们更倾向于相信国内官方消息。更值得关注的是，当代大学生更倾向于相信自己的理性判断，而非基于一个"我更认同谁"的预设立场进行判断、选择。第七，大学生对社会主义意识形态教育活动参与类型呈现多样化的特征。第八，自媒体了解程度与大学生社会主义意识认同正向相关。

具体来看，本专科在自媒体使用以及社会主义意识形态认同与认知方面仅在很少的方面有较为显著的差异：其一，专科生对时政新闻关注较少；其二，在媒介信任上，本专科生对自媒体和报纸刊物的态度差异较大，本科生对报纸刊物持有更高水平的信任度，而专科生更倾向于信任自媒体提供的信息内容；其三，相比于专科生，本科生对社会主义意

识形态的认知更加准确；第四，相比于专科生，本科生对社会主义意识形态的认同程度更高。

上述调查分析与结论说明，一方面，大多数大学生对社会主义意识形态的内容有较好把握，对社会主义意识形态在情感和价值整体上有较高的认同；但另一方面还存在相当数量的大学生认同度较低，对于相关内容，部分大学生的回答是"不清楚""不知道""不关心"等选项，这一占比与高校培养社会主义接班人的目标相比仍有较大差距，在调查中发现，部分大学生对于社会主义道路、制度和理论相关内容并无清晰认识，也未能积极主动去理解和把握，因而在认知上呈现出不够理想的状态，需要在今后的教育教学中重点强化，也需要在自媒体宣传方面做更多的理论探索与实践创新，防止"照本宣科"的政治教育，逐步改变口号多于理念、概念多于实际的现实情况，加强思想政治教育的针对性、实效性。同时，由于本专科人才培养的目标不同，在对其进行社会主义意识形态教育的过程中更应该考虑到差异性、多样性的问题，灵活变通，因材施教。

第四节　自媒体时代大学生社会主义意识
形态认同存在的问题

大学生处于自我意识觉醒的年龄阶段，任何社会现象在大学生群体中都可能会出现巨大震荡。在自媒体时代，大学生获得信息的途径鱼龙混杂，信息质量也参差不齐，在自媒体开放、多元的大环境中被注入更多的价值观和意识形态，这就使大学生认知容易产生偏差，使社会主义意识形态认同受到冲击，经过以上现状调研的数据分析后，需进一步发掘自媒体时代大学生社会主义意识形态认同存在哪些主要问题，探究出产生的原因，才能更好地提出解决途径。结合上述实证研究的调查分析，主要存在以下问题。

一、准确性与偏差性的并存

目前的大学通识教育包括马克思主义基本原理概论、毛泽东思想和中国特色社会主义理论体系概论在内的多门课程。大学生可以在学校的学习、生活中了解到社会主义意识形态，了解马克思主义、中国特色社会主义理论体系、社会主义核心价值观的基本内容和核心内涵。但在以理论教学为主的传统灌输的教育模式中，有部分大学生仍然存在对社会主义意识形态具体内容的认识不到位、理解不透彻、学习不深入的情况。

在自媒体时代，很多大学生接受较多自媒体带来的文化输入，而对马克思主义没有深刻的认识，对我国所走的路线，所采取的方针、政策更是一知半解。没有正确认识其重要性与必要性，一方面表现在部分大学生对我国的政治制度和经济体制产生怀疑，从而导致对社会主义意识形态认同感的下降；另一方面，少数大学生对社会主义意识形态存在边缘化认同，有的甚至出现反向认同的态度。

首先，大学生对社会主义意识形态的认同呈现书本化、教条化、概念化趋势，其对社会主义意识形态的了解多源于高校的思想政治课程，缺乏正规的方法论指导，因而不能用理论联系实际，对社会主义意识形态也就只能达到认知认同的程度，停留在形式上，一味地教条式的死记硬背，机械式地记忆复述，忽视对其的理解与认知。忽视利用理论联系实际去解决问题的不当教育，只会降低大学生在情感上对社会主义意识形态的认同。这部分大学生不能正确地认识社会主义意识形态，不会对其产生相应的认同心理，因此更不懂得将社会主义意识形态贯穿于行动中，用理论指导实践。

其次，我国大学生对社会主义意识形态的认知了解是以理论教育为主。而在大学生意识形态教育上，由于我国研究起步较晚，缺乏充足经验，在这一领域的研究不全面，不深入，不透彻。更多的教学者只是停留在上课、教学的机械性工作上，没有进行深入研究思考，还没有像其他国家一样形成一套完整的意识形态教育研究体系。这种停留在表面的教学方式让大学生无法正确认识学习目标，在学习时经常容易将社会主义意识形态与其他的一些类似概念相混淆，无法进行准确的区分，学习效率不高，学习效果不明显，学习只停留在理论教条上，这些都已经成为目前大学生意识形态教育中的普遍问题。

大学生们对社会主义意识形态的具体内容的认同程度也不同。调查结果显示，"大学生信仰马克思主义的有62.2%，而89.6%的大学生对中国梦的提法表示赞同"。马克思主义反映着指导思想和共同理想，而中国梦更多地体现了民族精神，指明了奋斗目标。基于该项调查，我们大致可以看出大学生普遍存在着对社会主义意识形态的内容理解不全面的情况。

二、主动性与被动性的博弈

一是大学生对社会主义意识形态认同的态度不端正，实用倾向较严重。在一些高校，大学生的社会主义意识形态教育呈现出削弱的现象。部分大学生思想存在着空白和真空，缺乏对国家前途与命运的关注，缺乏社会责任意识和集体意识，简单拒绝社会主义意识形态的灌输，对于马克思主义、中国特色社会主义等相关理论的科学性和价值性不了解，也不愿意主动去了解。学生们倾向于把更多的时间和精力放在考取各种资格证书，参加学生会、社团活动，或是考研、出国留学的准备上，对于社会主义意识形态的认知和了解多是被动的。社会主义意识形态教育呈现边缘化，在高校中，传统的社会主义意识形态教育大多采用灌输式的理论教学，机械式的教学下学生缺乏主观能动性，甚至产生逆反心理。此外，对高校思想政治课程学习的调查显示，部分大学生认为马克思主义等理论知识既抽象难懂又枯燥乏味，有超过三分之一的大学生对理论学习的主动性和积极性不强，其按时上课和学习的行为多是为了获得学分，实际上他们对此类课程或是相关活动的兴趣程度都不高。在大学教育中，意识形态教育被披上政治口号的外衣，被强行植入到大学生头脑中，社会主义意识形态作为一种价值符号存在，必然在大学生心中形成脱离实际、缺乏实践价值的认知。一门"枯燥无聊"又缺乏实际用途的学科，自然会导致学生学习主动性不高、理论认同度不强的情况。另一方面，即使一部分大学生对社会主义意识形态的认同程度较高，对相关理论知识能够较为熟练地掌握，但相对于单纯地获取知识和丰富理论，他们的主要目的是为了应付考试、寻求深造和工作的机会。

二是当前高校社会主义意识形态教育手段落后，形式单一。针对意识形态教育，高校采取的模式相对固定，在内容、形式、方法手段、机制上均缺乏创新和改进。虽然高校从事大学生社会主义意识形态教育工作的人员较多，也有不乏有利用自媒体平台进行宣传的，然而真正具有专业背景的意识形态教育工作者并不多，其中绝大多数人是因为工作岗位变动参与到意识形态教育工作当中。科学理论不扎实、研究视野不开阔、教学能力不足、缺乏创新能力等，都成为教育工作者在意识形态教育工作中的短板。"懂技术的不懂理论，懂理论的不懂技术"，部分计算机专业背景的教育工作者缺乏对相关理论的深刻认识理解，对政策的转化力有所欠缺；而马克思主义教育背景的工作者往往存在着教育形式止于课本，上课形式一味说教的问题。如何实现二者的完美结合，培育优秀、全面的高校意识形态认同教育人才，统筹、协调、整合教育资源成为当今意识形态教育中的一大难题。这就导致社会主义意识形态教育的针对性、实效性和主动性较弱，无法取得正面效果，甚至出现负面作用。

三、认知与行动的偏差

意识形态认同分为认知认同、情感认同、价值认同、行为认同四个阶段，是一个曲折渐进的动态过程。大学生的社会主义意识形态认同以理论的认同为前提，在能够正确解读理论的基础上，随着个人的成长经历不断深入，加深对意识形态的理解和认同。这个不断认识的过程具有历史性、社会性、实践性、层次性等特点。

认知认同即理论认同，是意识形态认同的基础，是大学生社会意识形态认同的第一层次，其表现形式为能够对意识形态的基本概念和具体内容进行理解。情感认同即表现出高度的认可和拥护。然而，简单的理论、情感认同并不能让大学生完全地认同社会主义意识形态，也并不是大学意识形态教育的终点。在实践中深刻体会社会主义意识形态的意义，使其与自身的科学文化知识与生活经验相融合，真正成为指导生活、学习、实践的世界观，这样的认同才更具有持久性和稳定性。在具体的实践中，大学生们对于社会主义意识形态的认知认同程度最高，行为认同程度最低。在将理论知识转化为投身于中国特色社会主义建设的自觉行动时有所欠缺。

调查显示，"61.6%的大学生认为学校开设的思想政治理论课教学与学生实际脱节，52.5%的大学生认为马克思主义理论课对大学生树立科学的世界观、价值观、人生观没有帮助或帮助不大"。甚至有一些大学生对社会主义意识形态的认同具有功利主义倾向：由于考试、升学、就业等现实问题，使其不得不隐藏真实的价值倾向，而表现出对社会主义意识形态的认同，以获得公众的认可。一方面，证明了当前大学生对社会主义意识形态理论认同情况较好，对社会主义意识形态的基本内容普遍了解；另一方面，也显示出大学生情感倾向基本趋于主流，马克思主义等相关理论虽然内化于大学生的思想之中，却只是停留在理论层面的认同，远远不能将其主动纳入自身的思想体系，内化为自己的价值观念，进一步转化为实际行动，无法切实地去实现以理论指导自身具体实践，社会主义意识形态理论知识的作用没有得到充分的发挥。

四、情感淡薄与失稳

大学生对社会主义意识形态的情感认同主要是指大学生将社会主义意识形态的具体内容内化于心，融入自身的思想感情，对社会主义意识形态发自内心的拥护和支持，并化作前进的动力，将个人理想与伟大复兴中国梦相结合。在自媒体时代之前，国家能够严格把控信息的传播，掌握媒体的绝对话语权，通过自上而下的方式对社会公众进行权威式的控制，因此社会主义意识形态占主导地位，公众对马克思主义的认同感和归属感也十分高。由于自媒体传播信息去中心化和多元化的主要特点，使得社会主义意识形态相关的信息传播在自媒体信息大流中，权威性和影响力被一层层削弱。在这样的背景下，人们自由表达自己的想法与意见，很多信息受市场经济利益的驱使，各种各样的价值观念在自媒体平台上肆意传播，网络上充斥着良莠不齐的信息，例如拜金主义、功利主义等不良思想观念比比皆是。自媒体时代信息自由传播的环境下，尽管大学生具备一定的是非判断能力，能够根据自己的价值取向选择信息，但大学也正是形成人生观、价值观和世界观至关重要的时期，大学生社会经验不足，自主意识和自我判断能力较为薄弱，尚不成熟和缺乏坚定的意志与信念，在大量来自自媒体上未经分类、没有过滤的非主流意识形态的冲击下，不可避免会被掺杂着其他价值观的信息影响，从而动摇社会主义意识形态在自身心中的地位。加之别有用心的西方敌对势力基于竞争、打压等方面的目的，以及国内外分裂势力的不怀好意，给高校学生造成了价值观的混乱，让部分大学生对社会主义意识形态产生怀疑，对其认同度下降。严重者甚至产生抵触、反抗情绪，出现不认同我国的社会主义意识形态，反而对资本主义意识形态产生认同的反向认同现象。

五、认同淡化与消解

在自媒体时代，受到各种意识形态的冲击，大学生社会主义意识形态存在淡化现象。大部分学生不是不认同社会主义意识形态，而是对其产生一定程度的认同淡化现象。当代大学生对社会主义意识形态的认同仅仅停留在表面化的认同，没有将其当作精神信仰和精神支柱，反而将其看作一项学业需要的任务，一个升职加薪的工具。除此之外，在自媒体时代下，"泛娱乐化"变成了社会中普遍存在的现象，这种社会风气也在一定程度上削弱了大学生对社会主义意识形态的认同，使学生用

"娱乐化"的眼光看待大学的意识形态教育以及社会主义意识形态。

自媒体时代，不少大学生被西方的"极端个人主义""拜金主义""享乐主义"等腐朽思想充斥着。我国目前仍处在社会转型的过程当中，主要矛盾转化为人民日益增长的美好生活需求和不平等不充分的发展之间的矛盾。社会中的种种问题已让大学生在日常生活中产生困惑和迷茫的心理，西方物质享乐主义的渗透更让部分大学生产生了"信仰危机"。西方发达国家依靠经济实力、文化实力优势，借助互联网的自媒体平台，从各个方面对我国社会主义意识形态领域进行渗透，"分化""西化"和腐蚀的目的显而易见，对大学生社会主义意识形态认同也起到了消解的作用。

第五节　自媒体时代大学生社会主义意识形态认同归因分析

面对我国大学生社会主义意识形态认同出现的种种问题，正确分析问题产生的原因并提出相应策略是解决问题的关键。

一、社会主义意识形态话语权国际影响力有待提升

全球化的过程，已从经济层面逐渐延伸到政治、教育、社会、文化等各学科各领域。由此产生的意识形态也是多样化、多元化的。现阶段，我国和西方发达国家在各方面仍然存在着较大差距，社会主义意识形态话语权国际影响力还有待提升。在多种意识形态相互碰撞的自媒体平台上，外国思想观念以及意识形态大量涌入，在这种复杂的网络环境中，大学生缺乏明辨是非的能力，很容易被其他意识形态所影响，由此

淡化对社会主义意识形态的认同。这种意识形态的涌入不排除部分西方国家，企图利用我国正处于社会转型的历史关键时期，通过其先进的网络技术手段以及强大的国际话语权对我国进行文化渗透，以影响我国的社会主义主流价值观培育，降低对社会主义意识形态的认同度，并用西方意识形态取代我国社会主义意识形态。自媒体多元信息的存在冲击了当代大学生的价值观念，降低了大学生判断能力，使其弱化了对社会主义意识形态的认同感，从内心产生对社会主义意识形态的不自信心理，甚至对我国的特色社会主义社会建设道路产生怀疑。

二、社会主义意识形态宣传吸引力和感染力有待增强

自媒体时代带来价值观的多元化，"人人都能发声"使得各种思想相互碰撞，价值取向出现多元化。越来越多的自媒体在经济利益的主导下趋向"娱乐化"，而忽视了在意识形态领域的宣传引导的责任与价值，甚至为博得更多的关注，不惜铤而走险打意识形态的擦边球，所传递的信息不仅不利于社会主义意识形态的培育，反而会对社会主义意识形态传播造成威胁。除去自媒体本身的性质外，在我国社会转型的阶段中，不完善的法制和物质诱惑致使很多领导干部出现贪污腐败等有损党和政府形象的现象，从而降低了党和政府在大学生心中的地位，使其对社会主义主流意识形态产生怀疑心理。

宣传，在新时期意识形态培育中占有至关重要的位置，是意识形态培育的保障工作。它可以把意识形态建设更好地转化为全体人民思想上的自发和行为上的自觉，将其内化为自觉追求。在部分高校，还存在宣传方式直接生硬、宣传内容枯燥冗长、宣传活动缺少生机和活力等问题，没有分析受众的特点和需求，对大学生缺少吸引力和感染力，最终达不

到宣传效果。只有转变观念，改进方式优化宣传工作，才能增强社会主义意识形态的话语权和主动性，才能增强社会主义意识形态在大学生中的影响力和感染力。社会主义意识形态的网络宣传主阵地需多部门深入配合，多级联动完成从上到下、全覆盖式的社会主义意识形态培育工作。

三、高校社会主义意识形态认同教育实效性有待提高

自媒体相较于高校意识形态教育工作中运用的传统媒介具有更广阔的受众，它不仅深入学生生活，更以其灵活多变的形式，在潜移默化中影响着学生的思维方式。自媒体平台的接受度远远大于传统高校意识形态宣传的接受度，以至于部分大学生宁愿接受自媒体平台的文化输出也不愿意接受高校的思想政治教育。高校意识形态教学工作中也存在自身的矛盾。内容枯燥、单调，教学手段形式化更是普遍存在的现象。在教学过程中搞形式主义，教学内容浮于表面，不去深入了解大学生的思想现状和实际学习生活中学生所遇到的思想问题，这样的教学方式不仅难以深入到学生的日常生活中，更难以走入学生的内心。自媒体时代大学生意识形态教育工作应紧密结合时代的发展，运用新型的传播技术和手段，将社会主义意识形态根植于当代大学生心中。

高校要创新教育工作载体，借助自媒体平台，制作大学生喜爱的、能够传递社会主义主流意识形态的网络文化产品。丰富网络思想政治教育的内容，改变传统的教育方法，通过微信公众号、微博、QQ 空间等平台，不断提高教育的实效性和时代性。各高校要抓住媒体融合的机会，利用网络媒体平台优势，在校园社会主义意识形态培育方面进行沉浸式、全方位的意识形态教育，主动融入大学生的网络社区，强化大学生的主体意识和主人翁精神，增强社会责任感。高校意识形态教育者应

结合大学生的特点，改革教育的方式，加强交流沟通，以生为本，真正了解学生的所需所想，让社会主义意识形态认同真正植入大学生内心。

四、自媒体舆情引导与管控力度有待加强

自媒体时代正处于快速发展的阶段，国家、社会各界对于这一新兴事物的态度还处于大力扶持、加强利用的阶段，无论是法律制度建设还是信息过滤监管，都处于不完善的状态。相较于传统媒体以及其他传播方式，自媒体拥有更强的隐匿性。正因如此，发布者的言论更加自由，更加难以管控，自媒体平台的信息因此变得良莠不齐。互联网监管体制的不完善使得自媒体平台过分自由发展。复杂多变的网络文化环境让互联网变成了各种思想泛滥的大杂烩。然而在鱼龙混杂的网络虚拟空间内，大学生尚未成熟的世界观和人生观很难分辨其中的各种言论和行为是否正确，大学生不丰富的社会阅历使其难以分辨信息的优劣真伪，从而容易受到掺杂着其他意识形态信息的诱导。这些都严重影响到大学生社会主义意识形态认同的培育。结合自媒体自身特性，应加强网络舆论监管力度，建立起一套完备的校园网络监督、惩罚、引导机制，在加大宣传的同时，对那些不符合要求的内容进行坚决的抵制。加强网络自媒体的自净能力，让更多的自媒体自觉遵守相关规定，共同营造良好的校园网络文化氛围。

五、社会主义意识形态认同环境有待优化

自媒体时代到来，信息全球化打破了国家之间的地域限制，世界各国连成一个整体，西方国家凭借科技优势，依托自媒体平台对我国进行意识形态渗透，不同国家的政治文化、价值观念蜂拥而至，鱼龙混杂，

极大影响了大学生意识形态认同的清朗环境，对大学生产生强烈的冲击。西方国家不仅具有信息技术上的先发优势，一定程度上掌控着信息的话语权，而且西方文化在近代以来思想启蒙和社会现代化中大放异彩，形成了对东方文化的"文化势差"，我国自近代以来在救亡图存的各种努力中，往往都是以西方为师，这样，文化由西方向东方的流动成为常态。再加上西方国家在国家利益和意识形态的支配下，大力实施对社会主义国家的和平演变，千方百计向我国的渗透西方价值观。在这样的认同环境下，造成了学生思想混乱，淡化了他们对祖国的归属感，消解大学生对社会主义意识形态的信任，使许多大学生对社会主义意识形态认同主动性不够，甚至对社会主义意识形态产生怀疑。大学生被西方国家的"美好"生活吸引，沉醉于为其描绘的美好蓝图中，没有看到隐藏的危机。西方国家瞄准时机，把自己的西方价值观输入中国，极力批判中国社会主义意识形态，打着"人权"与"民主"的旗号把社会主义"妖魔化"，高校大学生成为了"西化"的重点对象，遭受了大量的非主流意识形态的渗透，一些大学生在错综复杂的环境中迷失方向，动摇社会主义信念，形成不正确的人生观、价值观，最终导致对社会主义意识形态认同感下降。

综上所述，互联网是当代大学生认识世界的重要途径，而自媒体时代的到来，意味着社会上每一个微小的个体的声音都获得了放大的机会；但同时，在一定程度上也意味着国家官方话语权的式微。选择相信谁说的话、认同谁的观点虽然是个体的自由选择，但并不能保证网络上每一种声音都为正义、公平、善意发声，更不能保证有别有用心的势力从中为非作恶。由此，增进大学生社会主义意识形态认同是社会主义现代化建设中一项必要且重要的任务。

第五章

自媒体时代增进大学生社会主义意识形态认同的原则与机制

时代的发展，技术的进步，都会给意识形态工作带来新的机遇与挑战，因势利导、趋利避害是我们应对自媒体时代到来的应有态度，运用到具体工作中，就要遵循科学原则，理顺认同机制，全方位推进大学生对社会主义意识形态的认同。

第一节　自媒体时代增进大学生社会主义
意识形态认同的主要原则

自媒体时代增进大学生社会主义意识形态认同必须坚持底线与准则，不能盲目作为，要在大量的理论分析与实践中探索新道路，进而获得更加客观的规律。自媒体时代增进大学生社会主义意识形态认同主要遵循五个原则：主导性与多样性，理论性与实践性，虚拟性与现实性，继承性与创新性，因事而化，因时而进，因势而新的发展变革原则相结合的原则。

一、主导性与多样性统一的价值引导原则

增进大学生社会主义意识形态认同必须处理好主导性与多样性的关系。意识形态形式上具有主观性，但实际内容上却受到社会存在的制约，具有内在的客观性。作为对社会生产和经济发展的能动反映，我国意识形态在市场经济多元发展的条件下，也存在着多样化发展的趋势。因此，我们讨论增强大学生的主流意识形态认同也只能在社会思潮和意识形态多元多样并长期并存的前提下来进行。思想问题宜疏不宜堵，幻想通过行政方式迫使思想服从是行不通的，当今时代的思想多样化的引导必须在遵循思想教育规律的基础上才可能实现。当然，这并不是说在思想问题上要放任自流，无所作为，恰恰相反，我们要健全意识形态责任制，加强对大学生的思想疏导与价值引导，在大学生面对思想困惑和思想冲突时，积极帮助大学生拨开迷雾，澄清思想认识。一方面让社会主义意识形态的主流价值观引导发展方向，坚守社会主义意识形态的主流价值观；另一方面也要用"扬弃"的态度做好多样化意识形态的批判工作，吸收其有益元素，坚决抵制错误思想侵蚀。

二、理论性和实践性统一的认同内化原则

认同始于知而止于行。对社会主义意识形态的认同亦是如此，其起点一般是对于社会主义革命、建设、改革的接触和认知，进而对社会主义原理、原则、方针、政策等深入理解、接受，最终回到实践中用这些理论和原则指导自己的认识和实践。理论是建立意识形态的基础，意识形态的形成是理论完善的必然结果。应该重点抓住大学生知识理论信息上的源头，建立引导意识形态的正确机制，结合高校环境来探讨大学生对社会主义意识形态的认同度。在理论上注重把握对信息的来源以及信息知识的吸收接纳层面，深化了解意识形态，从而能够更好地把握社会主义意识形态的发展方向。大学生对理论的不断完善并付诸行动是理论不断内化的过程，应在认同行为的基础上通过更多形式的活动，将理论应用于实践并投入产生行为的过程中，将理论知识从认知认同到选择认同，不断内化到行为过程之中，从而对社会主义意识形态的认同在观念上产生正确的认识。

三、虚拟性与现实性统一的媒介行为原则

新技术的革命与发展使虚拟与现实的界限被打破，时间和空间的界限被打破。在人类的网络虚拟环境中包含着对现实的反作用，而现实的生活中也包含着对虚拟实践的推力。一方面，网络的虚拟性对于意识形态的独立发展给与了一定空间，虚拟环境下，社会主义意识形态的发展具有更广泛的受众、更即时的资源共享以及更交互的资源传播。应注重把握虚拟条件下自媒体环境对社会主义意识形态的构建的影响，形成将社会主义意识形态不断纳入现代网络技术层面下的一种意识形态传播模式。另一方面，注重现实世界对社会主义意识形态的构建，通过利用社会环境和校园环境充分发挥理论知识在头脑意识上的构建，让马克思主义、社会主义主流价值形态在课堂上得到充分体现，通过党建知识竞赛、红色景区参观等实践活动的开展，不断提升大学生社会主义意识形态认同的高度，对于虚拟性和现实性的把握应该从现实虚拟的双向融合角度，来加强对社会主义意识形态的深层引导。

四、继承性和创新性统一的信息技术原则

传统模式下大学生社会主义意识形态的建立主要是基于教师的教学

行为活动的言传身教的模式，在形成时间上必然经过一个长时间的阶段，言传身教的思想传递方式必然是需要学习和继承的。随着自媒体的到来，传统意识形态的构建模式也应在创新中寻求新的发展，在学习和继承的基础上，做到对现有意识形态传播教育的创新。在构建社会主义意识形态方面，需要在历史的整体框架下，对现有的和过去的同时把握，通过传统意识形态传播方式与现代图文结合，运用视频、音频以及多种形式的漫画组合方式。更加多元化的方式体现是对传统继承方式上的一种创新，所以应该在创新的道路上不断对社会意识形态进行加工和传播，并形成一种在现代科技下不断更新的发展模式。

五、因事而化、因时而进、因势而新的发展变革原则

要保持和坚定马克思主义意识形态的认同度和凝聚力，要因事而化，赋予社会主义意识形态以鲜活的时代内容，正确处理好主流文化、大众文化的关系，因时而进，传统意识形态的构建模式也应在创新中寻求新的发展，在学习和继承的前提下，对现有意识形态模式进行巩固和创新。分析意识形态领域斗争的新情况新特点，做到理论上坚持不动摇，形式上变通而加强，机制上严格而坚固。面对多元思潮保持警惕，坚决反击歪曲中国特色社会主义、歪曲马克思主义的错误言论。因势而新，通过传统意识形态传播方式与现代图文结合，利用好新媒体环境带来的优势，用视频、音频以及多种形式的漫画组合方式在网络平台上深入而全面地加强社会主义价值体系的建设。将大学生主体的社会主义意识观念不断地纳入现代网络技术层面下的一种意识形态模式，来加强对大学生意识形态层面观念的深层引导。

第二节　自媒体时代增进大学生社会主义
意识形态认同的机制

建立有效的认同机制对于提升社会主义意识形态话语的地位、增进大学生对社会主义意识形态认同具有十分重要的作用。

一、完善灌输与包容沟通机制

自媒体时代下，大学生对精神需求达到更高的层次，在媒体交互过程中自我意识的发声更要求符合个体需求，社会主义意识形态只有符合大学生个体自我实现的需求，大学生才会学会主动接纳、吸收社会主义意识形态的内容。相反，若大学生个体意识与社会主流意识形态相对、背离个体诉求，就不会通过内在机制转化为自身思想，甚至还会增强大学生对社会主义意识形态话语的抵触心理。

大学生社会主义意识形态的认同构建是内外机制的共同作用，它不仅要通过教育灌输给大学生科学、全面、系统的社会主义意识形态的话语与内容，还要教导大学生从认知、选择、整合、内化四个方面对社会主义意识形态形成真正的认同与理解，通过平等沟通、关心交流来平衡和矫正大学生在思想运行与实现目标中的偏差，深入大学生内心，使大学生主动地接纳并认同社会主义意识形态。

内在机制是将社会主流意识形态转化为个体所需的实现和完善自我的标准，也就逐渐达到通过内在机制实现大学生社会主义意识形态的构建。内在机制是从大学生自身出发，注重大学生个体的内在需求性，马斯洛需求理论曾提到人类的最高层次就是自我实现的需要，当一个人在基本物质、生理得到满足时，就会追求实现个人理想、抱负，发挥个人的能力的要求。在媒介环境变化的前提下，大学生理应从实践中认识到自身和社会经济发展的关联，尤其认识到社会主义意识形态所提出的价值观、人生观对自己成长发展的积极意义，认识到社会主义意识形态所包含的主流价值观的目的是在于提升大学生个体的思想深度，使大学生获得自我实现，发挥其潜在的巨大能量，并最终实现大学生自我超越的个体价值意义。自媒体时代下的内在机制理论越与高校大学生传播的意识形态一致时，与大学生的个体需求趋于同一上层建筑时，就越具有对意识形态的内化价值，就会使大学生对社会主义意识形态的认同愈有力。

外在机制即通过社会外部行为规约、教育引导的方式，使大学生由外到内地接纳并认同社会主义意识形态。外在机制从社会外界出发，通过外部环境对大学生群体的思想和行为的引导和干预来达到对社会主义意识形态的认同构建，形成对内化机制的强劲支撑。高校大学生接受外化机制方式即通过课堂政治教育，建立中青学习小组、开展党日团日活动等多样化的传播社会主义意识形态价值文化的方式。在自媒体时代，试图使高校大学生面对外部干预而不加选择地接受思想的灌输是无益于社会主义意识形态构建的，真正的外部思想教育的关键是引导大学生思想、引发对主流观念的思考，满足大学生的需要不仅是指政治教育的思想的内容要符合当代大学生的需求，而且还包括课堂传授思想政治的方式、途径更要适合学生的接受规律，从而由高校学生以灌输被动为主的外部机制认同到主动沟通接纳为主的内化机制的认同。

二、完善宣传与监督管理机制

面对自媒体时代大学生社会主义意识形态认同的机遇和挑战，高校一方面要加强正面宣传，在网络空间抢占阵地弘扬主旋律，培育与践行社会主义核心价值观，一方面又要加强对自媒体空间意识形态传播的监督，加强管理，对网络舆情要有积极防控，要有应对的预案，形成上下联动、多方配合的运行机制。

"理"是"论"出来的，不是喊出来的；"引"是"导"出来的，不是逼出来的。学校应当对宣传思想工作做好传导设计，增强感召性与引导性，在各种意识形态对大学生的影响中，宣传的感召性、引导性，影响大学生的选择性，影响其实现内化认同性、建构价值性的强度。

高校意识形态工作部门要学会用网、善于用网，用网民喜闻乐见的方式来宣传正面主张，传播好党和国家的政策理念。当前，蓬勃发展的互联网日益成为舆论生成的策源地、信息传播的集散地、思想交锋的主阵地，成为我们面临的"最大变量"。在这个时代，占领不了互联网信息传播的制高点，就抢占不了意识形态的新高地，就掌握不了思想观念引导的主动权。互联网作为当前亿万网民获得信息、交流信息的最大平台和最大变量，在凝聚共识中有着其不可替代的重要作用。如果一个社会没有共同理想，没有共同目标，没有共同价值观，整体乱哄哄的，那就什么事也办不成。要严格把控主流媒体的主导地位和权威形象，提高主流媒体对大学生舆论的引导和纠偏作用，如发挥学校校报、官方网站、微信号、微博的功用。及时发布信息，以正面宣传为主，弘扬社会主义主旋律，牢牢掌控宣传主动权。要用大众化分享共识以强化知觉，用朋辈化消弭隔膜以深化感觉，用情感化建构价值以内化悟觉，来提升宣传思想工作的温度；进而使鲜活生动的形象感受，深化为师生自觉内省的心理感动；将即时短暂的体验感受，升华为大家知行合一的情理感佩；让灵活参与的互动感受，扩展为高校群体仿效的哲理感染，以强化宣传思想工作的深度。

美国学者约瑟夫·奈认为："信息革命正在改变权力的本质"，"网络权力将是博弈的焦点"。因此，通过制度体系的完善，加强党和政府对社会信息的领导和把控，是完善社会主义意识形态舆论宣传与监督管理机制的第一步也是最重要的一步。习近平强调，"要把网上舆论工作作为宣传思想工作的重中之重来抓"①。网络媒体信息鱼龙混杂，良莠不齐，多方舆论在此角逐争斗，网络空间不是"法外之地"，必须在网络空间彰显法治精神，使互联网在法治轨道上健康运行。

高校要建立健全对自媒体的审查、监管和实时纠察机制，制定完善的管理条例，由上至下全面监管督察，及时发现不良信息的苗头，及时过滤和清理不良信息，及时打击造谣、散播有害信息的行为。在管理原则和模式上，将高校各层传播组织有效整合，纳入管理系统，拓展其发展空间，在维护社会主义意识形态话语的原则上鼓励个性发展，自主创新，为社会主义意识形态舆论宣传打造坚实阵地。加强网络舆论建设与引导，不仅是做大做强正面宣传，"对网上那些出于善意的批评，对互联网监督，不论是对党和政府工作提的还是对领导干部个人提的，不论是和风细雨的还是忠言逆耳的，我们不仅要欢迎，而且要认真研究和吸取"②。另一方面，"要深入开展网上舆论斗争，严密防范和抑制网上攻

---

① 中共中央文献研究室. 习近平关于社会主义文化建设论述摘编［M］. 北京：中央文献出版社，2017：29.
② 习近平谈治国理政：第2卷，北京：学习出版社，2017：337.

击渗透行为，组织力量对错误思想观点进行批驳"①，牢牢掌握舆论战场上的主动权。

三、完善统筹与共建协调机制

加强自媒体时代大学生社会主义意识形态认同，不是靠一个高校、一个部门可以完成的，它是一个无比巨大的系统工程，需要顶层设计和统筹规划，要建立起教育主管部门、高校意识形态工作统筹与协同联动机制，进一步完善共建共享共融的良好机制运行。

一是完善教育部、省教育厅层面的制度设计，将高校意识形态教育与网络思想政治工作纳入全国各高校事业发展总体布局，纳入党的建设、思想政治教育、平安校园建设、文明单位创建、教育教学评估等工作体系，整合高校门户网站、自媒体平台、网络精品课程等优秀网络建设管理资源。教育部在各省培育建设了省级高校网络思政教育中心，旨在聚力思想、聚优平台、聚合资源。推进各省高校网络思想政治工作中心的建设，加强对省属高校网络文化建设与管理的统筹和协调联动，推动形成共建共享、互联互通、同向同行的高校网络育人工作格局。

二是完善各省高校的教育资源集聚机制，充分调动相关单位和高校，以及长期从事网络思想政治工作的专家积极参与、支持体系建设，发挥联动聚效作用。加强各省高校与全国高校思想政治工作网、易班网和中国大学生在线保持密切联系与共建，打造特色鲜明、功能互补、多方联动、线上线下全覆盖的网络思想政治教育新阵地。

三是健全组织领导和工作运行机制。成立国家、省市、高校各级网

---

① 中共中央文献研究室．习近平关于社会主义文化建设论述摘编［M］．北京：中央文献出版社，2017：29．

络育人体系工作领导小组，负责网络育人体系的管理、组织、建设、统筹、协调、督查等，组建省高校网络思想政治教育工作中心联盟、省级高校网络思政教育专家委员会，组建易班发展学生联盟。切实推动高校整合网络平台、丰富网络内容、建强网络队伍、推进成果评价，发挥网络育人功能，成为省级网络思想政治教育工作的"思想库""作品库"和"人才库"。

四是各高校在校党委统一领导下，形成学校二级学院、学工部、共青团、网络教育指导教师、社团指导老师、辅导员、宿管人员等在内的意识形态共建教育机制；建立思政课与专业课、校园文化活动相协同的意识形态工作机制；建立校内教育与社会实践协同创新平台，积极拓展渠道，与工厂企业、社区街道、儿童福利院、敬老院等机构沟通合作。

四、完善约束与激励引导机制

高校在大学生意识形态认同教育工作中，要完善约束与激励相结合的引导机制，约束与激励相结合的引导机制可以调节引导高校学生在行动中自觉遵照社会主义主流意识形态的要求参与社会实践。奖励措施主要通过物质奖赏或者精神鼓励来激发高校学生的荣誉感，以此形成意识形态认同；惩罚措施则是通过惩罚产生的压力使高校学生自觉形成社会主义意识形态认同。

奖励措施主要是通过强化高校学生个体的归属感，引导其形成意识形态认同；惩罚措施则是通过惩罚产生的外界压力，使大学生个体产生从众心理而去认识并认同某种意识形态。客观上，奖惩机制也构成了对青年学生的现实反馈，为其意识形态认同的形成提供了外部动力。

建立健全意识形态工作激励机制。加强高校意识形态工作的主体建设，注重意识形态工作的全员化培养，在科研启动经费、职称评审、先进推选等各方面制定相应政策，激励全员参与高校意识形态工作的积极性，把高校意识形态工作责任落实落细。"通过设立意识形态教育工作专项基金、奖励基金，以奖励、资助等不同形式鼓励优秀教师献身于意识形态教育工作，并在职称评聘、职务晋升、校内课时酬金分配、教师待遇等涉及切身利益的实际问题时，充分考虑意识形态教育工作的实际，增强他们从事这项教育工作的事业心和荣誉感。"①

五、健全调查与考核评价机制

高校要深入开展大学生网络意识形态认同研判分析、舆情引导的研究和研判工作，就需要积极开展对大学生网络思想政治状况的调查，及时了解掌握大学生思想动态，做好思想行为的调研分析，建立大学生思想行为数据库，为分析大学生思想行为提供数据支持。

各高校的意识形态工作是否做到位，需要上级教育主管部门的指导和评价，因此要健全高校意识形态工作的考核评价机制，教育部思想政治工作司对各省高校网络思想政治工作中心的工作、各高校网络思想政治工作进行指导，确定工作目标、工作内容以及考核指标，并进行定期进行检查考核。对各高校网络思想政治工作进行检查考核，采取自查、互查和抽查相结合的方式进行，综合各项考察数据形成考核结论。评选优秀工作单位、优秀经验在全国高校进行推介，工作不足的高校按实施条例进行对标治病，批评整改，进一步提高工作的质量和成效。各高校定期对二级学院进行考核检查，加强学院间的交流学习，选树先进，推

---

① 汪国培. 全球化视域中的高校意识形态教育 [M]. 苏州：苏州大学出版社，2006：249.

广经验。在构建意识形态教育评价体系时，应该增加评价方式的开放性，注意把各种评价方法结合起来。例如，把定性方法与定量方法，自评与他评，结果评价与过程评价，诊断性评价、形成性评价与终结性评价相结合，注意把官方和社会相结合，把学校和家庭相结合，这样既可以充分发挥各种评价方法的优势和特长，又可以互相弥补其缺陷和不足，从而使评价的结果更加客观、公正。同时，意识形态教育评价最本质的意义在于推动高校培养高素质人才，其道德及相关品质的培养对于学生个体、学校、家庭、社会来讲意义都是非常大的。这就要求意识形态教育要面向社会，一方面通过开放的社会俯视意识形态教育的质量及成果，另一方面判断社会道德价值导向及大学生群体价值取向，努力改进意识形态教育工作。

第六章

自媒体时代增进大学生社会主义意识形态认同的路径选择

增进大学生的社会主义意识形态认同，需要从主体、客体、环境等多维视角全面加强和改进高校意识形态工作。

第一节　立足主体，加强自媒体时代
大学生社会主义意识形态教育

一、强化网络素养，提升意识形态辨别研判能力

媒介素养是指人们面对媒介各种信息时应当具有的选择能力、评价批判能力、创制信息的能力、利用媒介促进自我良好发展的能力。自媒体时代，高校大学生不仅仅是信息的接收者，更成为信息、网络产品的创造者与传播者，大学生在信息传播中拥有了更大的主动权、选择权，教师是知识的传播者，是学生前进路上的引导人，担任着传道授业、思想引领的责任，因此提升大学生以及教师的网络媒介素养，对增进自媒体时代大学生社会主义意识形态认同具有重要意义。

一方面，从意识形态认同的主体来看，大学生是意识形态认同的主体，他们在自媒体时代更具有主动权与选择性，面对不同类别的意识形态、纷繁复杂的各种社会思潮，喷涌而出的大量信息，需要提升自身的媒介素养，包括媒介甄别素养、媒介法律与道德素养、媒介创新素养。首先，要提升大学生的媒介甄别素养。大学生要学会从各种网络媒介的性质、信息内容、产品设计等方面去综合考量各种网络媒介的可信度，同时高校要有意识地进行媒介素养教育，让大学生熟悉自媒体的运营，提升大学生对信息的甄别与选择，从而使大学生练就火眼金睛，看清各种信息背后所蕴含的真面，去伪存真，学会正确利用自媒体来为自身的学习、生活服务。其次，提升大学生的媒介法律与道德素养。大学生要树立正确的道德观，自觉抵制并远离伤害身心的浮躁、浅薄、媚俗的网络文化与信息，用积极健康、昂扬向上的精神投入学习与生活。同时，大学生在自媒体平台发表的信息与言论不能传播错误的价值观，发布有害信息，侵害他人的合法权益，要自觉遵守相关的法律法规，维护媒介社会正常运转，积极传播正能量。最后，提升大学生的媒介的应用与创新素养。在自媒体平台中，大学生不单单是信息的接收者，还是传播者和创造者，可以充分发挥自身的主动性与创造性，在自媒体平台上生产出更多的优秀媒介产品，为传播社会主义意识形态理论提供新的方法、拓宽新的领域、影响更多受众。

另一方面，从高校意识形态教育的主体来看，需要提升意识形态教育工作者的媒介素养。高校思想政治工作者的媒介素养主要体现为，善于运用媒介整合教育资源，有序开展网络思想政治教育、提高学生管理工作的能力，高校思想政治教育工作者应提高自身对自媒体的认知与运用，要紧跟时代潮流，对于新兴网络媒介要主动去了解使用，认识网络媒介传递信息的特点，把自媒体在社会主义意识形态的宣传特点与大学生的思想特点、日常生活相结合，有效地利用自媒体进行意识形态传播与教育。同时处理好社会主义意识形态与自媒体运用的素养，意识形态认同也是在与其他非社会主义意识形态的斗争中实现的，因此思想政治教育工作者要提高信息的处理能力与素养，善于看清各种网络信息背后的本质，了解学生的思想动态，从而引导大学生有效提高甄别错误思想、有害信息的能力，树立正确的价值观，主动占领自媒体阵地。在自媒体时代，高校思想政治教育工作者要做到嗅觉灵敏，敏锐地把握大势与方向，在变化中去寻找新的工作方法，关注信息传播的手段的更新，实现新技术与意识形态教育的融合，把握变与不变，在日益更新的网络技术的变化中坚定不移地传播好社会主义意识形态。高校思想政治教育工作者提升媒介素养，善用媒介资源，可以运用学生喜爱的新兴媒介缩短师生之间的距离，增强双方的信任感，了解舆情与学生动态，传播富含正能量的优质信息，从而最大化地实现自媒体时代网络思想政治教育的有效性。

二、拓宽平台延伸，开辟意识形态教育新阵地

自媒体网络意识形态场域是国家主流意识形态和社会多元意识形态的汇聚地。既是国家主流声音的发声地，也是众声喧哗的舆论场。"学生在哪，工作场就在哪，意识形态教育就在哪。"学生在自媒体网络上，高校思政教育就要及时地、积极地拓宽网络思政平台，开辟意识形态教育新阵地。

首先，促进自媒体平台与大学生思想政治教学相融合，思政课是加强大学生意识形态认同的主渠道，自媒体平台上不乏大量青年学生，因此要利用自媒体平台促进思想政治教育路径革新，创新教学方法、教学模式，更新教育理念，贴近大学生思想与生活实际，拉近大学生与社会主义意识形态之间的距离，增进社会主义意识形态认同。思想政治课教学可以利用自媒体，实现教学方法上线上与线下课程的交互融入，教学内容上采取优质课程、课堂延伸资源、新闻热点等等，教学理念上积极发挥大学生的主体性，进而贴近大学生网络话语特点与生活实际，促进大学生对社会主义意识形态的理论认同。

其次，实现自媒体纵向与横向的互联互通，把握信息传播主动权，正确引导大学生的思想动向。一方面，纵向评估各类自媒体平台的运营方式、信息产品生产、受众特征等等，依托微课堂、微信、QQ、微博、微直播等自媒体平台促进教师与大学生之间的交流互动，掌握学生思想动态，及时解决大学生学习生活的困惑，增强认同感，去占据网络阵地，以学校官方网站、微博、微信为龙头，以各部门、各院系、各班的新媒体为基础，构建全方位、立体式校园网络格局，开办图文影音并茂的主题网站和特色网站，推进辅导员、教师博客、微博、微信等新媒体建设，搭建吸引师生广泛参与的网络互动平台，打造一批贴近师生学习工作生活的网络名站名栏，建立新媒体平台联动机制。在自媒体微信平台上，高校教师、辅导员主动进入到大学生的"朋友圈""好友圈"中，在网上和学生"打成一片"，进而真正了解大学生的所思所想，把握好青年的思想脉搏。教师、辅导员只有在日常工作中做足了"功课"，成为大学生们熟悉、信任的网络"好友"，在突发事件过程中才能够有效融入学生群体之中，营造理性讨论、平等沟通的交流氛围，进行情绪疏导和思想沟通，实现正确的舆论导向。通过微信、微博朋友圈掌握大学生思想动态与变化规律，获取大学生的信息与资源，从而不断更新社会主义意识形态理论的有效传播方式，使社会主义意识形态深入大学生的头脑。而微直播则可以实现与大学生更加直接的互动以及更多自媒体平台之间的联通，让大学生身临其境，以更加直观的感受，自由的交流氛围，使社会主义意识形态进入人们的视野之中，成为可以被整合的思想观念。另一方面，运用自媒体平台促进高校各个学院、部门以及各高校之间的信息交流与传播，并渗透到大学生活的各个方面，从而横向延伸社会主义意识形态影响范围，激发大学生的参与热情，实现"润物无声"，使自媒体成为增进社会主义意识形态认同的重要平台。重点做好社会主义意识形态工作的整体规划，促进高校意识形态工作者、工作部门、各个学校之间的协调与配合，生产符合自媒体特点的、反映我国社会主义意识形态理论的优秀产品，使自媒体成为宣传社会主义意识形态的重要平台。

自媒体时代增强大学生社会主义意识形态认同要依托校园自媒体平台，搭建校园各级网络教育宣传传播平台，拓宽网络思想政治教育工作新载体，形成多方平台互动、功能互补的网络教育宣传平台体系。湖南师范大学将校园网站、微信公众平台、微博工作室、直播平台、手机报、App 等各个网络宣传平台进行融合，将各个网络阵地紧密结合，合力联动，新旧媒体融合互动，打造弘扬社会主义核心价值观的微教育网络平台，又以教育部"星空"网络文化工作室为基地，推动各学院建立起学院特色鲜明、资源共享、职能明确的院级网络文化工作室，通过校内外专家对院级网络文化工作室组织中期检查、评估成果、终期评审，确定"文苑""医路相随""行健"等 10 所网络文化工作室立项。院级网络文化工作室以心理健康、创新创业、学业辅导等不同定位，不断涵育文化特色，凝练发展目标，逐步形成校院两级网络文化工作室建设模式，形成立体横纵结合的教育媒体矩阵。同时推进校院班三级易班工作站的建设，培育学院易班学生工作站，推进辅导员易班个人平台的建设和培育，鼓励辅导员运用易班平台开展日常管理与思想政治教育工作，形成层级化、全覆盖的格局，达到资源共享，共建共融，形成了众星闪耀的网络教育传播微体系，同时契合时事热点、重要活动节点，多角度、深层次、全方位推送信息资讯和专家解读，加强舆论引导，聚合力量，集体发声，实现认知、理解、参与、认同的社会主义核心价值观的"微"教育传播体系。

三、开展实践活动，增强意识形态行为认同

意识形态理论作为大学生意识形态认同的客体，需要回归实践，由理论认同转化为行为认同，才能算是完整的认同环节的完成。因此积极开展大学生社会实践活动，是推动大学生意识形态情感认同到行为认同的重要环节。在自媒体时代，应注重组织开展学生喜爱的，针对性、时效性明显的，线上线下相结合的网络文化和实践相结合的活动。

首先，是充分利用历史文化资源开展理想信念教育活动，增强大学生的国家意识，培养社会责任感，为社会主义的建设添砖加瓦。通过推出网上博物馆、校史馆 App，网上重走长征路过关游戏以及相关爱国主义教育实践基地的参观与体验活动，让大学生在新奇轻松中去了解中国的历史沿革，认识中国革命胜利的艰辛、社会主义新中国的建设路程。从历史与现实互动中把握未来，加深积极投入社会主义建设的坚定信念，促进社会经济文化的发展的信心，实现中华民族的伟大复兴的决心，树立理论自信、道路自信、制度自信与文化自信，进而增进社会主义意识形态认同。

其次，积极鼓励大学生从网上走到网下，参与线下社会实践活动，在实现社会价值与自我价值的统一中增强社会主义意识形态认同感。正是理论回归实践，实践检验理论，理论与实践相结合才能实现大学生所学专业理论知识与社会价值实现的接轨，做到内化与外化的统一、知行合一。而恰恰是大学生通过实践得到自身价值的实现，实践作为主体与客体之间沟通的桥梁，大学生通过自身的实践对客观世界造成了积极影响，更易培育社会责任感，增长才干，树立正确的价值观，在价值认同中增进社会主义意识形态认同。

再次，契合时代发展、时代精神和时代要求，开展有针对性的大学生德育教育实践活动，有利于增强大学生的社会主义意识形态情感认同。比如举办庆典纪念活动，通过形成较为规范的庆典制度，在活动氛围的烘托中加深情感认同，从而为实现意识形态行为认同创造有利条件。在网络空间积极培育和践行社会主义核心价值观，如在建党 95 周年之际、抗战胜利 70 周年之际等举办"红色微博 向党说句心里话"、组织开展网上学习党史竞赛主题活动，在"学雷锋做好事得勋章"的网络小程序过关活动中，感悟雷锋精神。通过传统节日纪念活动，感受中华优秀传统文化的魅力，增强民族认同感、在 9 月 18 日聆听防空警报，珍惜并呵护来之不易的社会主义社会；同时也可以开展学校学院为依托的庆典纪念活动，激起大学生回报母校、运用自己的理论知识奉献社会的情感。通过这些实践活动能够较好地唤起大学生的情感共鸣，在潜移默化中增进大学生爱国家、爱社会主义的感情，增强对社会主义意识形态的理论认同，并转化为报效国家与社会的具体行为。最后，用道德价值涵养社会主义意识形态认同。社会主义核心价值观中的爱国、诚信、友善等等内容也体现在以社会公德、职业道德、家庭美德、个人品德为主要内容的道德体系之中，因此道德榜样的示范作用对认同社会主义价值理念起着积极作用。习近平总书记指出，一种价值观要真正发挥作用，必须融入社会生活，让人们在实践中感知它、领悟它。开展大学生道德模范评选活动、观看全国道德模范颁奖仪式、道德榜样优秀事迹巡展活动等多种形式，在树立正确道德观增进意识形态认同的价值基础。另外，契合大学生成长节点开展多元的网络教育实践活动，以"毕业季""新生开学季"为主题的活动，能够更好地让学生融入学校温馨美好的氛围中，增强学生的爱校荣校意识，以"一封家书""诚信感恩"为主题的线上互动活动，让学生在参与中回忆铭记家庭的点滴温暖，父母之爱的慈祥伟大，从而心怀感恩，砥砺前行。通过不同主题的凝练和培育，让学生通过多元的活动收获有效的价值引领。

如湖南师范大学以丰富的网络文化活动为抓手，开展"师大之星"和"未来教育家"等特色活动将线上线下开展有机结合，形成了极具吸附力的德育教育品牌。以"星空"网络文化工作室为基地，长期开展微公益活动。召集优秀学生党员、优秀学生干部开展以社会主义核心价值观为主题的微宣讲活动，让学生榜样影响学生、引领学生。开展"向党说句心里话""国旗在我心中""青春喜迎十九大 不忘初心跟党走"红色微信、微博征集、展播等活动。举办了"打call十九大""全国教育大会给力""新生你好—你问我答"等系列辅导员"网红"直播170余期，观看量达到290万人次，贴近学生，受到了学生的喜爱，影响力大、覆盖面广，被《中国教育报》、人民网等媒体报道，教育部党组书记、部长陈宝生同志现场观看辅导员网络直播后充分肯定道："振奋人心！"通过校园"网红"多途径、全方位的感召力和辐射作用，传递正能量，以直播形式推出微课堂，创新了思想教育工作载体，增强了时代感和吸引力，最大限度地增加思想教育的触达率和学生的接受度。

四、注重产品研发，促进意识形态内容创新

当前随着世界经济全球化、文化多样化趋势的发展，西方的意识形态和价值观念通过较为隐蔽的方式影响着大学生的思想意识，比如通过影片、节日、歌曲等多重文化产品传播意识形态，并且随着自媒体的发展，那些蕴含着西方价值观念的文化产品对大学生增进社会主义意识形态的认同有着更为深刻的影响。建设社会主义文化与推进意识形态认同是相互促进、相互包含的，因此要主动适应自媒体信息传播的特点，基于社会主义意识形态理论的内容进行网络文化产品的创造与创新，有意识地对意识形态进行文化包装，创造出大学生更为喜爱的网络文化产品，传播社会主义核心价值观，掌握社会主义意识形态话语权。

首先，加强马克思主义理论素养是创作自媒体文化产品的必要前提。创作自媒体文化作品的目的是在大学生中间宣传社会主义意识形态，社会主义意识形态是对马克思主义的集中体现，这是由马克思主义是我国的根本指导思想地位所决定的。在对马克思主义真懂真会的基础上推动马克思主义大众化，将较为晦涩深刻的理论通过简单朴素、生动活泼的方式进行文化作品创作，增进大学生对马克思主义的了解，宣传马克思主义方法论，提高大学生运用马克思主义方法论解决现实问题的能力，使理论不再成为大学生头脑中的空中楼阁，能为自己所用。其次，中国特色社会主义文化是研发多维意识形态产品的内容支撑。加强文化自信，弘扬中国特色社会主义文化无疑是增进大学生社会主义意识形态认同的助推器。研发多维文化作品、传播社会主义意识形态要大力发展中国特色社会主义文化，主要包括社会主义先进文化、中华优秀传

统文化、红色文化。因此高校在积极研发校园微视、微刊、微评，开展微课堂，进行辅导员直播，引导理论名家、教学名师开展线上宣讲等等文化系列作品时，要有意识地将中国特色社会主义文化进行再创作，打造富有中国文化内涵的独特"文化代码"，以更加形象化、具体化、生活化的自媒体传播方式来增进大学生对社会主义意识形态的认同，树立正确的价值观念。最后，文化产品创作机制是自媒体作品研发、应用的重要保障。自媒体文化产品的创作要有一套系统的、稳定的保障机制，有利于文化产品的创作与运用的有效互动，提高运用自媒体文化产品宣传社会主义价值观念与意识形态的实效性。完善自媒体文化产品的创作、审核、运用、反馈、激励机制，推动自媒体网络文化作品的质与量的统一。

高校要不断开发学生喜闻乐见的网络文化产品，积极研发校园微视频、微刊、微评、微课堂等文化产品，将社会主义核心价值观的内容用视频、图文等生动形象的形式进行展示，让原本枯燥的教育内容，通过受学生欢迎的网络文化产品而鲜活起来，通过铸造融思想性、知识性、趣味性、服务性于一体的先进校园网络文化，引导学生树立正确的世界观、人生观、价值观，实现网络思想政治教育工作从宣传型向熏陶感染型转变。将培育和践行社会主义核心价值观融入学生喜爱的网络文化产品中，力求透过学生"眼球"直达其"心灵"。教育部思政司组织开展"大学生网络文化节"和"高校网络教育优秀作品推选展示"活动，推进全国高校网络文化作品创作生产活动，推进意识形态内容供给与创新，做好优秀网络文化作品的传播，努力让网络文化作品与意识形态教育工作相结合、与校园文化建设相结合，着力打造一系列具有思想性、生动性又能贴近大学生生活思想实际的优秀文化作品。高校要探索网络文化建设长效机制、优秀网络文化作品和优秀网络思政课题评价机制，推进各高校网络文化作品创作生产活动，丰富网络文化内容供给，建立网络优秀网络作品在职务职称评聘等方面的激励机制，鼓励师生积极参与网络文化产品创作，做好优秀网络文化作品的传播，让网络文化作品与思想政治教育相结合、与全员全过程全方位育人相结合、与校园文化建设相结合，着力打造一批具有思想性、生动性又能贴近师生实际的优秀校园网络文化品牌。

　　如湖南师范大学通过研发丰富多元的网络文化产品将社会主义核心价值观"讲出来、唱出来、诵出来、画出来"。创作编制了"点赞师大"微故事集，通过讲述"身边好人好事"将社会主义核心价值观的内涵与意义生动活泼地融入一个个鲜活的故事中，将知名教授、专家、优秀青年教师、辅导员针对社会热点、学生关注的问题撰写的阅读量大、转载率高的有影响力的网络文章进行汇编，设计制作了漫画集全国时代楷模《我的老师——段江华》。针对新生初入学的迷茫困惑，制作了一系列生动活泼的微视频课堂《大学第一课》。设计制作了一系列微动漫、微电影、微视频作品，如纪念抗战 70 周年的微电影《口述历史——厂窖记忆》、学习"时代楷模"段江华《大善至美》等。设计制作了一系列微动漫、微电影、微视频作品，推送《大学小目标》和雷锋传人、拒绝侵扰、青春不散场等专题，丰富多元的网络文化产品得到了学生的喜爱与认可。学校还着手打造了人偶正能量网红"小星"形象，衍生了很多如小星钥匙扣、水杯等系列产品，小星形态可爱呆萌，从线上走到线下，参与学生各类活动，受到学生喜爱。国内一些知名高校纷纷以校园网络形象片为载体，通过制作精美、内容丰富的形象片集中向外界展示办学理念和办学成就，起到良好效果，成为高校文化软实力的重要体现。如北京大学、清华大学等高校的形象片在网络上以动辄超千万的点击引发舆论关注热潮，片中参与演出的学生也一跃成为校园"网红"。

五、加强队伍建设，培育意识形态教育人才

人是社会生产力中最活跃的因素，人民群众是社会历史的创造者，自媒体时代推进大学生社会主义意识形态认同离不开人才队伍的建设，特别是推动自媒体专业队伍建设。由于自媒体平台信息传播的特点，使大学生在接受社会主义意识形态理论时更具有主体性，主动性，与意识形态教育工作者之间的关系更具平等化，因此在自媒体平台容易受非社会主义意识形态、价值观念的影响。但更应注意的正是这样的自主性选择性，给予意识形态认同工作者更大的发挥空间，要及时地推动人才队伍与时俱进，善于用自媒体传播社会主义意识形态，生产出符合大学生思维行为特征的自媒体社会主义意识形态产品，让更多的大学生主动加入社会主义意识形态宣传队伍之中。

首先，推动意识形态工作队伍成员组成的优化升级。意识形态工作队伍主要包括学校党政干部、共青团干部、思想政治理论课教师、辅导员、学生等。明确队伍成员的选拔、分工与协调合作，做到目标统一、理论扎实、分工明确、技能专业，增强队伍的合力。通过理论研究和实践深入，提升队伍成员的整体工作能力，同时要推动校际队伍合作交流，汲取经验，开放视野，立足本校特色，与时俱进，师生党员要努力成为自媒体时代运用现代传媒新手段新方法的行家里手。自媒体时代，大学生自身也成了意识形态传播的主体力量之一，更为了解大学生群体的思想动态与现实诉求，因此要发挥大学生在队伍中的地位与作用，提

高大学生社团及其个人的带头示范作用。组建新媒体学生骨干队伍、学生网络通讯员、信息员、评论员团队，充分发挥学生"自我管理、自我服务"的能力，使自己既成为社会主义意识形态的教育者，又成为自媒体信息的收集者、发布者和管理者，做到理论联系实际，达到学以致用。其次，加强人才队伍的培养，提高网络媒体队伍成员的工作素养。自媒体背景下大学生的思想、行为以及话语表达都发生了变化，需要组成一支善于利用自媒体对大学生进行思想价值引领的专业化人才队伍，建设思想政治水平高、熟悉和善用新媒体的网络建设管理队伍、网络宣传员队伍、网络评论员队伍和网络舆情研究队伍，因此需要提高队伍成员的理论素养、媒介素养、技能素养等等基本工作素养。高校要通过定期开展马克思主义理论、传播学等等理论学习讲座，开展队伍成员自媒体认知与运营的岗前、在职培训以及定期业务培训，进行工作前期、中期、末期考核，从而提高队伍成员的思想深度、工作技能与媒介素养，提高社会主义意识形态教育与自媒体载体相融合的能力。高校网络思政队伍要深入微信、微博、论坛、校园贴吧等大学生频繁活动的自媒体场域，收集、分析、研判话语信息，把握话题热点，积极发挥大学生在自媒体平台的主体性，加强互动引导，解决学生诉求，要充分运用官方自媒体平台，及时发布权威信息，营造良好的舆论环境。教育主管部门要培育、延揽一批传播主流价值、"粉丝"多、影响大的"网络名人"，积极培育全国高校网络育人名师、各省高校网络育人名师和网络思政先进个人，高校要培育"网红"直播宣讲骨干队伍，让专家教授、青年教师加入"网络育人"导师团队，分领域、分层次打造勇于发声、弘扬主旋律的强大校园"网军"，充分发挥网络育人队伍的示范、引领、辐射、带动作用。

如湖南师范大学坚持主体性与主导性相结合，构建社会主义核心价值观教育微力量体系。形成了一支校领导、思想政治教育工作干部、思政理论教师、辅导员、学生等全员参与，专兼结合、师生联动的网络育人"大思政"队伍，组合成为党的理论政策、社会主义意识形态宣传的"思想库"。第一，突出主导性，构建钻坚研微的校园网络教育队伍。将专任教师、思想政治工作者、学校干部等纳入社会主义核心价值观培育践行的体系中，建设一支全员参与的网络主导力量，牢牢把握马克思主义办学方向，深入领会践行党和国家的教育方针政策。一是强化师德师风建设，深入学习和践行社会主义核心价值观，提高思想政治素质，提高职业道德水平，增强教书育人的荣誉感和责任感，通过老师行为的榜样示范作用，言传身教带动学生参与到培育和践行社会主义核心价值观的队伍中来，保障人才培养质量；二是强化主题引领，在国家、学校的重要活动节点上，有效通过教师的舆论和行为引导，帮助学生树立正确价值观念。三是推进社会主义核心价值观的解读，建设一批名师名栏和辅导员博客，推送一批名篇名博，引导学生同心同向、同行同进。只有建设一支有理想信念、有道德情操、有扎实学识、有仁爱之心的高素质教师队伍，才能教育引导大学生扣好人生的"第一粒扣子"。第二，突出主体性，充分确保学生的主体地位，发挥学生党员、学生干部的带动作用，构建学生自我教育、自我管理、自我服务、自我监督的网络教育机制。通过学生来辐射引导学生，形成"点—线—面"共振的育人新局面。一是建设一支政治可靠、精干团结的新媒体和网络宣传队伍，让学生直接参与学校新媒体和网络运营建设，既拓展了思政课堂，也直接有效地促进了对社会主义核心价值观的认识理解，从而带动朋辈之间的价值引领。二是建设一支全员参与的网络评论员和通讯员队伍，将每一名学生都纳入学校的网络建设中，形成人人参与、人人共享的网络文化传播局面，扎实提升了学生的网络综合素养，也让主流声音能够真正在学生中间生根发芽。三是拓宽学生参与网络建设的有效途径，通过举办"星空 E 言"等网络文明建设论坛，汇聚校园师生网络精英，对话学者名师，动员和鼓舞全校各层级、各类型的校园媒体协同推进校园网络文明建设。四是强化网络建设辅助力量，借助校友和家长等力量引导学生价值观念，以知名校友为依托开展的"知名校友对话"活动，让学生深入认识到母校人才培养的丰硕成果，增强学生爱校荣校意识的同时，更容易增进学生思想和行为的认同。四是培养一批优秀可靠的学生党员骨干担任专题网站的名编名记、微博微信"主页君"、网络舆情信息员和评论员，组建了网络青年志愿者服务队，当好网络"清洁工"，对网上不健康的信息进行甄别防控，守护健康向上、积极清朗的校园网络生态。新媒体时代，网络已成为第一舆论场和舆论斗争的主战场。高校党委要举旗亮剑、敢抓敢管，把网上舆论工作作为意识形态工作的重中之重来抓，牢牢掌握网上舆论战场的领导权和主动权。

六、创新网络教学，增进意识形态引导效果

高校传统思政课堂教学模式中，教师在课上照本宣科之后并不重视在课下学生的实践环节。加之自媒体时代信息传播更为深远，部分不良网络文化容易侵蚀学生的精神世界，导致课上学生接受思政教育建立的良好德育基础在课下会轰然崩塌。但教师可反之利用这一优势，通过网络媒体、网络资源铺天盖地地宣传社会主义意识形态，主动出击，为实现教学效果营造良好的施教氛围。为实现自媒体时代大学生思政课堂的创新，高校应依托多样的传播媒介来实现思政教学内容与时俱进，集中

优质教育资源，结合自媒体时代的特点以及为教学带来的挑战与机遇，对自媒体时代高校思政课教学目标、教学模式、教学内容等多层次的学科内容开展全面深入探究与优化。通过教学改革实现课程体系向知识体系、知识体系向价值体系、价值体系向行为模式的转化，真正让课堂"活"起来、让学生"动"起来、让实践教学"实"起来，把全过程育人、全员育人落到实处，让思政课堂"走出去"，让思政课堂向更加贴合时代气息以及学生的生活的方向迈进，使思政教学的思维脱离课本的限制，最终实现与自媒体的深度融合，来促进思政教学内容的时效性、实效性以及持续稳定发展。

高校思政课教师要瞄准学生的思想共鸣点、情感触发点，把知识传播与价值引领结合起来，达到知识讲授、能力培养、素质提升"三位一体"的效果。充分利用各类优质网络思政课教学资源以及慕课、录播、直播等方式，构建教学平台。善于运用"翻转课堂"等教学方式，进行启发思考和释疑解惑。加强网络互动，改变线下课堂的"我说你听"的灌输式教育，实时在线问答或弹幕发声，彰显教师的主导性作用和学生的主体性地位，增强学生网上学习的获得感。教师可依托公众号、思政教育平台、微信群等定期推送、宣传思政教学内容，教育主管部门通过开展线上教学观摩会、评选线上教学名师、设置网上精品课程、立项线上教研项目建设等举措，激励广大思政课教师快速适应、主动转型，积极投身网络思政课程教学。

自媒体时代，拥有传播媒介与传播平台就拥有一定的话语权，而高校本身作为高层次的教育单位拥有丰富的媒体资源以及可开发的潜力。因此高校可依托自身的优势资源从大到校报、学术周刊、公众号，小到班级群等建立多层次立体化的媒体网络加强思政思想宣传，提升思政课对学生的影响力，并最终通过媒体资源的有效整合与融合，强化高校在思政教学中的话语权。浙大马克思主义学院精心设计思政课"菜谱"，打造网上思政慕课。老校长竺可桢著名的"两问"、"中国核司令"程开甲校友、马建青教授定期用微信组织线上辩论会，话题都是同学们自己准备的，教师在网上辩论中加以有效引导、精准点评。这些网上课程让同学们感到思政课变得"有情有义、有棱有角、有滋有味"，成了"网红课"。

第二节　把握客体，提升自媒体时代意识形态建设实效

一、夯实治理根基，提升自媒体时代社会主义意识形态的导向性和凝聚力

随着当前国内、国际背景的转变，自媒体时代的到来，意识形态领域工作的内容、目标、地位、作用、传播手段等等也要随之转变、更新，作出相应的变革与调整。我国社会主义意识形态自身在新的历史条件下也发生着新变化，逐渐从传统的管理型向现代的治理型转变。从管理到治理的转变反映了中国特色社会主义意识形态自身的变革与发展，是完善国家治理体系与推进国家治理能力现代化的需要，也是在自媒体网络技术的快速发展下，思想传播日益信息化的外部条件下所作出的必要选择，特别是随着自媒体的迅速发展，非主流意识形态化的挑战更加凸显，那种单纯地依靠国家行政力量推进社会主义意识形态认同已经无法取得较高的实效性。因此有必要将治理理念纳入意识形态领域，更好地应对意识形态工作的新问题与新挑战，提升自媒体时代社会主义意识

形态的导向性与凝聚力。

第一，意识形态治理现代化要推进治理主体的多元化，协调各方利益，凝聚共同信念，增强社会主义意识形态的凝聚力。不同于单一的、强制的、被动的管理形式，现代治理理念则更突出主体性、互动性、多维度，不同的社会主体要共同参与到治理事务之中，通过协商解决矛盾与冲突。而自媒体的发展，为大学生更加便捷地参与到意识形态治理之中，提出自己的切身问题以及为解决相关社会事务提出自己的意见与建议，通过自媒体平台与意识形态工作者之间进行互动交流，解决大学生的利益诉求，共同为社会发展出谋划策，增强大学生的社会认同，树立正确的思想观念，增进大学生的社会主义意识形态认同。通过自媒体平台，发挥多元化主体的共同参与的作用，扩大治理范围，成为意识形态治理的助推力，帮助党和政府实现治理目标，保证我国的意识形态安全，大大调动了他们的积极性，更有助于治理效果的提高，增强社会主义意识形态认同。

第二，意识形态治理现代化要不断革新治理方式，推进意识形态部门体制机制改革，坚持与时俱进，提高治理实效。意识形态部门是意识形态治理的重要主体，意识形态部门体制机制改革是提升意识形态治理效果的路径选择。首先，坚持党对高校意识形态部门的绝对领导。不断推动意识形态法律规制的出台，加强法律保障。高校意识形态部门要坚持以习近平新时代中国特色社会主义思想为指导，充分发挥中国特色社会主义教育的育人优势，推动理想信念教育常态化、制度化，运用多种载体把马克思主义及党的各项理论政策贯彻到高校网络思想政治教育全过程，加强党史、新中国史、改革开放史、社会主义发展史教育，坚定落实立德树人根本任务。再次，要强化网络育人的价值引领。坚持以理想信念教育为核心，以思想道德建设为基础，用社会主义核心价值观引领大学生坚定理想信念、勇担时代重任，研究制定符合时代要求的师生网络行为规范，着力培养和造就出一批社会需要、政治合格、思想进步、知识渊博、专业过硬、具有创新精神和实践能力的高素质人才。最后，要构建网络育人的爱国体系。坚持以各高校学校党委为中心构建爱国主义教育体系，丰富爱国主义教育内容；新爱国主义教育方式，打造推广一批富有爱国主义教育意义的网络文化作品。同时，利用重大活动、重大纪念日、主题党团日等契机线上线下开展爱国主义教育，坚定青年学生的爱国情、强国志、报国行。励志教育是内在机制的伸展延续，通过重视培育典型，发挥优秀代表对于思想意识教育的示范、引领、感染作用，把社会主义核心价值观通过具体事例融入思想政治教育，用身边的人、身边的事来教育引导大学学生健康成长，让大学生从内心自发朝榜样看齐，培养学生的社会责任感，进而形成积极的示范效应、广泛的社会影响和良好的育人效果。同时，要健全畅通规范的沟通渠道，发挥如校长信箱、学生网上服务平台等网络沟通渠道的沟通功能，释放学生利益表达和信息反馈的功能，充分利用网络沟通渠道，及时、全面、准确地了解大学生的真实思想和情绪，以进一步增强工作的针对性与实效性。对大学生错误的思想，如若只是进行一味的严厉惩罚并不利于对大学生思想的纠正和引导，高校应情法并用，重视对于大学生心理的包容疏通，既要旗帜鲜明，又要方法得当，亲情和爱是最优质的教育资源。

二、推进理论创新，提升自媒体时代社会主义意识形态的科学性与感染力

从马克思意识形态的基本内涵来看，意识形态体现由经济基础所决定的思想上层建筑或者观念上层建筑。随着时代条件的变化，社会主义意识形态也将增添新的内容，而这离不开党和人民在实践时进行的理论创新。社会主义意识形态需要与时俱进，要充分彰显其关注变化、直面问题、站在前沿、引领潮流的自身创新性。推进理论创新有利于实现社会主义意识形态自身科学性与价值性的统一。意识形态作为一种社会意识形式，是对社会物质生活的反映。这种反映越客观、准确、全面，它的科学性就越强。如列宁所说，任何科学的意识形态都"和客观真理、绝对自然相符合，这是无条件的"①。只有科学地总结过去，把握现在，预测未来的意识形态才能为大学生所认可、接受。同时任何理论都是科学性与价值性的统一，当社会主义意识形态能够满足大学生的现实需求、利益诉求、切身问题，就越容易被大学生所认同，从而成为社会主义意识形态体系的弘扬者与践行者。

从内容来看，推进意识形态理论的创新，进而促进意识形态的亲和力与感染力的提升。从意识形态的特征上看具有高度的抽象性，这样不利于直接被大学生所接受、认同。因此推进理论创新，增进社会主义意识形态的亲和力与感染力，有利于在大学生头脑中摆脱意识形态留给人的枯燥、乏味的刻板印象，培养大学生对社会主义意识形态的认同，具体而言，就是要使意识形态的内容更加具体化、生动化、多样化，减少

---

① 列宁专题文集：论辩证唯物主义和历史唯物主义 [M]．北京：人民出版社，2009：42.

距离感，使之为大学生认同。高校要将马克思主义根植于中国大地、立足于中国特色社会主义建设的实践过程中，形成具有地域特色、符合校情校史、解决真问题和真解决问题的实策实招。要把中华优秀传统文化、革命文化和社会主义先进文化融入马克思主义主流意识形态教育，坚定理想信念和正确的政治方向。

首先，理论创新要基于实践创新，意识形态必须反映社会实践，同时指导社会实践，才有其存在意义。而有部分大学生对社会主义意识形态的不认同，主要因素就是与现实脱轨，不能够反映当代大学生所谓所思所想、不能及时地对大学生面临的现实问题进行科学的解答与合理的解释。从而导致部分大学生对社会主义意识形态产生抱怨甚至怀疑与抵制。社会主义意识形态只有不断与时俱进，主动解答时代课题，解决大学生在生活学习上面临的困惑和问题，才能让高校社会主义意识形态的宣传教育具有实践性与"以生为本"的特征，才能体现高校"立德树人"的培养目标，才能增强社会主义意识形态的吸引力与说服力，增进大学生对社会主义意识形态的认同。保持社会主义意识形态的开放性和包容性，在实践中对理论进行不断的补充、纠正、创新，进一步提高理论的时代性和生命力。对此，习近平指出，"在全面对外开放的条件下做宣传思想工作，一项重要任务是引导人们更加全面客观地认识当代中国、看待外部世界"①。

其次，推进社会主义意识形态理论创新要建立在对马克思主义基本理论继承的基础上。要重视对马克思主义经典文本的解读，树立社会主义意识形态的文本权威，增进认同，很多高校已经面向大学生开设了马

---

① 中共中央文献研究室. 习近平关于社会主义文化建设论述摘编 [M]. 北京：中央文献出版社，2017：197.

克思主义经典文本解读的专业课程。推进意识形态理论创新必须回到经典文本之中去，深刻理解经典文本的精髓与核心思想，高校可利用自媒体向大学生宣传马克思主义理论中闪耀时代精神的内容。这些理论内容具有跨越时空的特质，能够为时代的进步解答课题，显示马克思主义理论、社会主义意识形态的先进性，体现其理论的说服力与感染力。同时各高校马克思主义学院要随着时代的变化在新的语境下鼓励专家、学者，思政教师去解读马克思主义经典作家的理论或者对一些以前没有展开的理论命题进一步研究，实现社会主义意识形态理论的概念、范畴的更新，能够解读新的时代内容，使社会主义意识形态理论的解释力得到不断提升，从而获得普遍认同。

再次，批判地吸收国外意识形态中先进的、科学的、合理的社会意识，批判继承社会主义传统意识形态中的优秀的合理的成分，使社会主义意识形态成为历史感与时代性并重的科学的意识形态，从而获得更广泛的认同。同时，在自媒体时代，信息碎片化和阅读碎片化是最突出的特征。在这样一种传播和阅读环境下，要增强社会主义意识形态的吸引力和凝聚力，增进青年大学生的认同，需要结合大学生的喜好和特点，抓好意识形态理论的表述方式的创新，加强理论表述创新，把深奥的理论简单化、具体化、生活化，用大学生最常说的、最通俗易懂、幽默诙谐的语言表达以及多种图文并茂的形式进行表述。

三、转变话语方式，提升自媒体时代社会主义意识形态的吸引力与感召力

话语质量决定话语权的分量，更决定意识形态工作的力量。语言具有神奇的力量。在习近平总书记的系列重要讲话中，他善于用讲故事、打比方的方式阐述道理、凝聚共识；用大白话、大实话的群众语言来解惑释疑、引人深思；以古典诗词、文学经典来譬喻治国理念、传递思想；以聊天式、谈心式的语气娓娓道来，触及心灵。习近平总书记曾批评过一些"不会说话"的现象："与新社会群体说话，说不上去；与困难群众说话，说不下去；与青年学生说话，说不进去；与老同志说话，给顶了回去。"①在 2015 年国家主席新年贺词中，"也是蛮拼的""点赞"这样的网络语言亲切清新，显示出自信从容。习近平总书记身体力行，以"接地气"的文风推动党风、政风的转变。自媒体时代，高校需要正视"话语鸿沟"的困境。

从话语特征来看，自媒体网络平台的话语体现着日常化、碎片化、娱乐化等特征，这与比较晦涩、理论性强的政治性话语、学术性话语形成了鲜明对比。人们更加关注这些短小精悍的语言，这势必对具有极强系统性、逻辑性、理论化的社会主义意识形态具有一定解构作用，增加了社会主义意识形态话语融入自媒体平台话语语境的难度，从而影响主流意识形态话语在自媒体网络平台的渗透力。从意识形态话语权的建设环境来看，自媒体由于促进话语权多元主体之间互动、改变传统媒体的上下结构，演变为网状结构，从而造成信息传播的环境发生了改变。信息的传播没有界限，没有中心，削弱社会主义意识形态在自媒体网络平台传播的影响力与导向性，乃至现实中的权威性与控制力。同时也应注意到自媒体加剧了西方意识形态的渗透，以美国为首的西方发达国家在我国进行文化扩张，传播个人主义、享乐主义、拜金主义等价值观念，甚至掌控媒体，发表歪曲言论，误导民众，企图通过意识形态渗透对我

---

① 习近平．干在实处走在前列——推进浙江新发展的思考与实践［M］．北京：中共中央党校出版社，2006：419.

国进行西化，严重威胁我国的意识形态安全，削弱民众对我国主流意识意识形态的认同感。另外，提高意识形态理论的话语阐释力也在意识形态传播中越来越重要。最有感召力的话语为日常话语，其贴近生活、融于生活，这不但要求它摆脱纯粹理性思辨的思维方式，要善于从由宏观理论到微观生活，更加关注每一个个体，建构立体的，互动、渗透性强的意识形态话语体系。促使主流意识形态话语理论由政治性向生活性转变、由抽象性向形象性话语转变，从而改变单纯的灌输，促进意识形态话语主体之间的平等、互动交流。再次，促进话语平台的通畅性，促进话语传播的有效性。现代社会，人们享受着信息获取的快捷便利，也提供了这种快速获取信息的平台，自媒体就是这样一种平台。积极运用新兴传播媒体领域，建立立体化媒体网络，增强新闻信息的生产、传播与高科技的深度融合，从而能够及时回应群众的思想困惑，解决所关心的热点难点问题，使民众能够有效地在自媒体平台进行自由的表达与互动交流，保障意识形态话语权有效实现，促进社会主义意识形态的传播，提升社会主义意识形态的公信力与凝聚力。最后，要立足国际视野，提升社会主义意识形态国际话语权。当前西方国家凭借其在国际上的话语霸权对社会主义意识形态在国际的传播造成了消极影响，因此我们要积极参与到国际话语议题的设定，参与到国际话语规则的制定之中，增强国际话语主动权。要主动介绍中国道路、中国经验，弘扬中国文化，开展文化交流；积极参与媒体网络上的意识形态交锋与斗争，抵制国外意识形态渗透；主动参与全球治理，积极承担大国的责任，展现良好形象，增强社会主义意识形态的国际影响力。

作为"网络土著民"的当代大学生创造出丰富多彩的网络话语形式，不仅仅是他们求新求异的好奇心使然，更是网络生活方式所带来的思维方式变化的呈现。实际工作中的经验表明，网言网语、视觉形象、大众表达的话语情境能够强烈吸引大学生的关注、亲近、追随，激发大学生的情感认同和思想共鸣，带来事半功倍的宣传教育效果。而"居高临下、空洞说教、照抄照搬"，"模式化、套路化、语言生硬、形式刻板"等工作中的问题，都与话语方式密切相关。那些脱离学生生活实际、大而空洞的宣传思想工作，不仅无效，而且可能产生逆反效果。创新话语方式、消除话语差异是当前高校网络宣传思想工作的紧迫任务。高校要发挥高校人文社会科学优势，构建具有中国特色、中国风格、中国气派的主流话语体系，注重吸收中华优秀传统文化的丰厚滋养，创造贴近校园、贴近师生、贴近生活的话语，增强宣传思想工作的吸引力、感染力和说服力。要区分话语场域、对象，针对受众疑惑所在、利益所求、情感所需，更多地运用体现人文关怀的情理交融式话语。网络思想政治工作者要遵循"用户至上""体验为王"这些已在师生思维方式上潜移默化的互联网思维习惯，通过转换角色、转换情感、转换语境，将理论的文本概念变成情境的人本演绎，融"教"于"导"，寓"理"于"引"，真正地融入大学生的网络生活，真切地感受网络文化，体验大学生在网络空间的交往、学习、生活、娱乐，了解大学生在思想、心理、语言以及行为上的发展变化，做到转换自身角色，进入网络生活，与青年学生共境，伴青年学生同行；要尊重学生的创意创新，摒弃对网络语言和文化现象的忽视、轻视心理，善于学习和使用学生的语言、针对学生的思维特点，用学生身边的事、学生经常说的话、学生流传的故事，讲清讲活讲透马克思主义的基本原理；要转变教育观念，对大学生真心关爱、平等交流，引导他们正确发挥自主性、创造性，在教育和自我教育的结合中发展进步；要加强理论研究，转换表达方式，改进文风作风，提升话语能力，把握网络话语权，增强宣传思想工作的实效。

第三节 优化环境，改善自媒体时代意识形态认同生态

一、加大宣传力度，提升自媒体时代社会主义意识形态的权威性和影响力

伴随着人类社会的产生与发展，人们的思想观念可以运用语言、文字符号进行传播，宣传活动也就在人们之间产生了。现代意义上的"宣传"一词，最初指传教士使用各种文字、语言符号传播教义。宣传着重思想观念通过一定的载体符号，最终对人的行为产生影响，这就反映了意识形态自身作为观念上层建筑，要增进意识形态认同就离不开对思想观念的宣传。

马克思恩格斯在无产阶级革命的实践中意识到宣传思想工作的重要性，主要集中于向工人阐述共产主义的政治主张、资本主义弊病，并且拓展到国际，建立共产主义国际联盟。当马克思主义传入中国以后，中国共产党就非常重视宣传思想工作，在不同的时期宣传思想工作有不同的说法，例如"宣传工作""思想工作""政治宣传""思想政治工作"等等，把人民群众团结在党的周围，使社会主义在中国植根发芽，茁壮成长。习近平总书记在2013年的全国宣传思想工作会议上中提到：历史与现实深刻证明党的宣传工作事关我们国家的长治久安，事关一个民族的向心力、凝聚力，更事关一个执政党的前途与命运。

首先，意识形态宣传的目的就是要保证社会主义意识形态的主导地

位，增强社会主义意识形态的凝聚力与导向性。要坚持社会主义意识形态主导性的原则，坚持用社会主义核心价值观引领学生的思想动态。随着经济全球化浪潮以及网络技术的发展，信息传播日益便捷，非主流意识形态的泛滥，威胁社会主义意识形态的主导地位。在坚持社会主义意识形态在宣传工作中的主导地位的同时，需要处理好与非主流意识形态的关系，既批判斗争又互惠共生。及时回击负面言论，坚决同错误的价值观念、思想作斗争，澄清事实真相，揭露敌对势力与反动势力颠覆社会主义的图谋。以批判吸收的态度对待其他文化意识形态合理的部分，促进社会主义意识形态与其他意识形态的共同发展。高校宣传思想工作面对互联网时代的挑战，要增强走在前列的意识，重视学习、善于学习、勤于学习，在学习和实践中把握网络技术媒介创新发展的趋势，始终走在互联网新媒体新技术应用的前列，牢牢掌握高校宣传思想工作的主动权。

中共中央办公厅、国务院办公厅《关于进一步加强和改进新形势下高校宣传思想工作的意见》对新形势下高校宣传思想工作提出了系统的要求和部署。《意见》指出，做好高校宣传思想工作，加强高校意识形态阵地建设，是一项战略工程、固本工程、铸魂工程，事关党对高校的领导，事关全面贯彻党的教育方针，事关中国特色社会主义事业后继有人。互联网作为当前意识形态斗争的前沿阵地，应当成为高校宣传思想阵地建设的重中之重；网络舆论引导作为当前意识形态工作的重要任务，应当成为高校宣传思想工作的重中之重。

高校要有意识地推动新旧媒介融合发展，构筑立体多元的社会主义意识形态宣传平台。不断整合新旧媒介中的资源与内容，将两者的优势相结合，增强宣传实效。在新旧媒体融合时，既要发挥传统媒体的引导性与号召力，又要利用自媒体生动性、交互性等优势，引导民众加入其中，增强与民众之间的沟通交流，及时回应群众的思想困惑。高校宣传思想工作要主动进入到大学生的"朋友圈""好友圈"中，在网上和学生"打成一片"，进而真正了解大学生的所思所想，把握好青年的思想脉搏。教师、辅导员只有在日常工作中做足了"功课"，成为大学生们熟悉、信任的网络"好友"，在突发事件过程中才能够有效融入学生群体，营造理性讨论、平等沟通的交流氛围，进行情绪疏导和思想沟通，实现正确的舆论导向。高校宣传思想工作要主动研判舆情、把握动态，发挥其"消息集散地""社会减压阀""思想晴雨表"的重要作用；积极研究网络规律和舆论机制，努力做到"让我们的朋友成为网络意见领袖，把网络意见领袖变成我们的朋友"；勇于开展网上意识形态斗争，在事关意识形态领域政治原则和大是大非问题上，增强阵地意识、斗争意识，勇于担当，敢于亮剑，打好舆论斗争的主动仗。

在高校要积极培育大学生网络意见领袖，让其在引导良好的舆论环境中发挥作用。"意见领袖"是信息扩散给大学生的中间环节，把信息过滤后有利于发挥引导舆论的正面效果，也为开展社会主义意识形态宣传工作提供人才支撑。要主动设置话语议题，掌握社会主义意识形态宣传的主动权，贴近大学生的生活实际，在改革开放实践中挖掘新材料，设置新问题，大学生们才能更加自觉主动地为党和国家的工作大局服务，增强社会主义认同。

最后，从宣传的受众来看，要发挥民众的主体性，建立以人民为主的话语宣传体系，来增强社会主义意识形态认同度。自媒体的快速发展，更加激发民众参与社会事务的热情，能够将民众的心声及时地表达出来。因此要发挥受众的主体性，激发受众活力，让民众自觉接受社会主义意识形态，作为自己的行动指南，从而营造良好的社会主义意识形态宣传环境。高校注重宣传引导，强化文化熏陶。要广泛运用各类宣传阵地、载体和手段，开展高密度、广覆盖、多形式的社会主义核心价值观集中宣传活动，营造学习宣传的浓郁氛围；把培育和践行社会主义核心价值观与师德师风建设、作风建设、大学生素质教育等结合起来，让社会主义核心价值观在师生中听得见、传得开、立得稳；加强大学文化建设，通过学术讲堂、社团活动、艺术展演等，实现大学文化与社会主义核心价值观同频共振，发挥大学文化的熏陶作用。

二、依托技术手段，提升自媒体时代社会主义意识形态的预测力与渗透力

习近平总书记指出："要建立健全大数据辅助科学决策和社会治理的机制，推进政府管理和社会治理模式创新，实现政府决策科学化、社会治理精准化、公共服务高效化。"① 2017 年，国务院印发《国家教育事业发展"十三五"规划》，明确提出"加快教育大数据建设与开放共享"。当前，以大数据为代表的信息技术，正与教育深度融合，海量教育数据的生成、汇聚、融合，一方面为高等教育提供了精准、有效和可靠的数据支持，助力高等院校教育管理向智能化、精细化、可视化方向转变，对推进"双一流"建设、更好地服务于国家现代化建设发挥重要作用，另一方面，构建多维度的科学评价体系，有助于提升高等教育评价精准性、科学性、客观性，促进高等教育内涵式发展。

随着网络的普及以及电子设备的使用，大量数据随着人们实践活动

---

① 习近平在中共中央政治局第二次集体学习时强调审时度势精心谋划超前布局力争主动实施国家大数据战略加快建设数字中国 [N]. 人民日报，2017 - 12 - 10.

的开展，不断地形成与壮大。但是大数据的容量并不是重点，对于大数据技术最重要的是如何处理这些庞大的数据，用来揭示这些数据背后所体现的事物发展的态势，提供预测功能，掌握问题解决的先导权。因此大数据技术对于社会主义意识形态的传播具有重要价值。

大数据具有数据庞大、处理高速、信息结构多样、价值密度低的特征，这为社会主义意识形态的传播，增进社会主义意识形态认同提供了新的机遇。首先，利用数据优势，提高社会主义意识形态传播的有效性，营造良好的舆论氛围。正是由于庞大的数据，能够帮助意识形态工作者寻找更多的样本数据，通过样本分析、大数据处理技术与数据统计方法的引入，及时准确了解人们的思想动态、价值追求，使传播者深入信息源，找到有关价值观信息。有针对性地进行价值观传播，进行答疑解惑，了解受众所想，贴近群众，提高意识形态宣传的有效性。最重要的是能够通过庞大的数据对网络舆论动态进行预测。任何事物的发展都是质与量的统一，而网络舆论的发酵也是一个过程，那么如何去推断相关舆论事件的发展去向并迅速进行回应成为一个重要问题。

其次，利用大数据，发挥主体力量，扩大社会主义意识形态的影响力。自媒体的发展使一些社会问题极易成为广泛的社会舆论，这些庞大数据信息的集合，将会引起相关部门的深入调查和主流媒体的跟踪报道。而恰恰这样的群体性行为为社会主义意识形态的传播创造契机，并会影响更多意识形态认同主体更加公众公正、客观地看待事件，进而宣传社会主义核心价值观。同时，从传播受众来看，改变了以往的信息反馈机制，对于社会热点并不仅仅简单从民众关注去理解，可以通过对大众反馈数据的分析来反映民意。在高校通过该传播对象所反馈的内容进行精准定位，用社会主义意识形态、社会主义价值观念的理论与内容来指导和回答大学生在学习生活中遇到的各种问题。这样将有利于高校意识形态工作者更精准的反映学生的所思所想，解决实际问题，增强社会主义意识形态的阐释力。

最后，加强数据制度建设，完善意识形态传播的配套设施。建立良好的制度是大数据时代传播社会主义意识形态的重要支撑，有利于对错误的价值观念进行及时、准确地更正，防止错误信息传播来削弱社会主义意识形态的主导地位。要建立合理合法的社会主义意识形态传播机制，完善信息发布和传播的责任体系，规范传播主体的传播行为，营造良好的传播环境。相关部门要强化制度保障，确保社会主义意识形态在网络平台传播通畅，充分利用大数据的技术把社会主义意识形态融入人民群众的日常生活中去。

作为大数据技术、平台和人才集聚高地的高等院校，在当前教育大数据使用方面存在短板与问题，尚未发挥教育大数据在推动高校科学管理方面的应有作用。将大数据分析分别与高校中的垂直管理和横向业务联系起来并充分融合，形成"数描高校"，即通过大数据分析方法，将高校中的人、财、物，以及各类事件、活动、过程和现象进行可视化处理，既对高校各类主体、实体进行静态"画像"，也对各类活动或过程开展动态"摄像"，为推动高校管理科学化提供精准动态的认识和把握。另一方面，推动建立高校科学管理体系。建立高校管理决策中教育大数据分析结果使用原则和流程；成立专家小组，推动教育大数据"数描方法"与领域专家分析相结合，助推科学规划与科学决策。推进学校大数据学生管理系统、学生画像、舆情监控、学业预警等业务系统的运用，让网络思政工作与新技术同步，进一步加强学生舆情预警机制，坚持正面宣传与舆论引导、风险防范与应急预控相结合，把握校园网上舆论宣传引导时度效，提高校园网络资源的整合利用率，提升全校网上舆情发现力、研判力、处置力，更好凝聚师生共识、防范网络安全风险，发挥高校网络监管的实际作用，营造风清气正的校园网络环境。

第三，改善意识形态话语的表达方式和手段，提高社会主义意识形态教育话语的亲和力、感染力和号召力。第四做好数据的采集和分析工作，建立起全方位的信息预警机制。一方面，高校利用大数据建立意识形态安全预警和研判机制。对高校意识形态安全工作将要出现的风险进行分析和评估，从而达到网络舆情预警的效果。另一方面，高校利用大数据建立高校意识形态安全引导机制。通过对网络舆情的预警分析研判后，对于已经产生的网络舆情问题，高校需要借助大数据这一技术手段，利用大数据的速度，第一时间在大数据平台发布官方权威信息，引导网络舆论。此外，利用大数据大容量、多样性的特征，高校可以通过多种形式进行意识形态安全的教育，提高学生对错误思潮的应变能力，正确地对待网络舆情，抵制不良信息的传播。

三、加强舆情监管，提升自媒体时代社会主义意识形态的把控力和引导力

新技术为舆情的传播增添了许多不可控因素，也为舆情的精准引导提供了便利抓手。高校舆情引导最终目的不是单纯临时维稳与管理，不能仅局限是针对突发事件的紧急响应，而是为了从根本上加强对学生的正向价值引导，增强大学生对社会主义意识形态的认同。

高校作为意识形态工作的前沿阵地，突发事件带来的网络舆情呈现出总体数量增多、单体规模扩大的趋势，具有极强的外部性，影响范围往往超出年龄阶层和学校范围，不仅影响了高校正常教学活动有序开

展,甚至还影响了整个互联网乃至现实社会的舆论风向。高校坚持"谁主管,谁负责"的原则,规范网上信息审核发布制度,筑牢"防火墙",杜绝不健康内容在校园网上传播;构建"横向到边、纵向到底"的网络舆论监管格局,健全网络舆情预警、研判、引导、处置机制,深入开展网上舆论斗争;改善网络舆论生态,净化网络舆论空间。高校宣传思想工作要主动研判舆情、把握动态,发挥其"消息集散地"、"社会减压阀"、"思想晴雨表"的重要作用;积极研究网络规律和舆论机制,努力做到"让我们的朋友成为网络意见领袖,把网络意见领袖变成我们的朋友";勇于开展网上意识形态斗争,在事关意识形态领域政治原则和大是大非问题上,增强阵地意识、斗争意识,勇于担当,敢于亮剑,打好舆论斗争的主动仗。

要加强网络理政,提高技术敏感,联合政府和社会力量,运用大数据、人工智能等先进技术,建强学校舆情态势感知平台,提前预警、精准预判舆情性质和能级,按照"纵向阻断"与"横向切割"思路制定舆情引导策略,以早知应知提升整体舆情工作的效率和质量。要充分发挥网络监督的作用,搭建好学校、老师与学生之间信息传递的桥梁,有效引导网上热点问题,建立健全科学、规范、有效的网络育人舆论应对工作长效管理机制。要厘清网络思政舆情监测责任分工,党委宣传部、学工部负责对可能出现涉及网络育人舆情的媒体和网络等进行全面监测,发现正面舆情后及时通过校内外媒体传播,负面舆情按要求会同有关单位进行监测、引导和控制,及时向学校党委汇报、向相关涉事单位通报。对校园自媒体平台进行日常监测,须每天间隔一定时间至少两次对重点媒体、贴吧、论坛、微博、微信等进行浏览和搜索,注重舆情定量统计和定性分析,随时掌握舆情的导向、特点和趋势。发生突发性舆情事件时，对舆情产生的媒体、贴吧、论坛、微博、微信等进行 24 小时不间断浏览和搜索，及时、全面掌握与该事件密切相关的各种信息，直至舆情平息为止，确保为学校在较短时间内做出正确决策提供有力支撑。建立健全同步部署机制，制定信息发布、宣传解读、舆情应对的整体方案。出台重大政策、规划方案时，特别是涉及社会群体或师生切身利益的重大政策、规划出台前，通过听证座谈、调查研究、征求意见、沟通媒体等多种形式，充分了解意见建议和舆论反应，进行舆情风险评估和科学研判。对在价值观形成和理解方面较为积极和先进的学生群体，高校应该引导和鼓励其更加主动在互联网上积极发声，在重大突发事件中团结其参与到舆情引导，通过多维度、多立场和多文化立足点的方式形成全方面舆情引导覆盖，打破价值对立，抢占复杂舆论环境中价值引领的高地，依托校内知名专家、学者、优秀学生、知名校友等资源，主动培养舆论领袖，增加自身的发声力量，引导舆论方向，化解舆情危机。加强舆情工作队伍建设，定期邀请网络育人舆情工作专家，开展舆情监测处置专题讲座和培训，进一步提高媒体宣传和舆情引导处置工作的能力。

结　语

牢牢把握大数据时代的意识形态话语权，增强大学生社会主义意识形态认同

　　"大数据"的出现和发展，是自媒体时代的一个重要特征，更多新闻的采集和具体行业的信息通过在线数据搜集可以快速形成完整的内容，许多自媒体在进行社群管理的时候已经运用了智能化的方式，快速聚集目标数据，定位用户需求，整合相关内容。大数据的收集和分析能力，在"识别"大学生的思想动态的同时，能够分析其心理特征和利益需求，如何在新的大数据环境中与时俱进地增强大学生对社会主义意识形态的认同，是新时代的新课题，我们应该转变观念，根据大数据的特性，通过深层挖掘获取有效数据、预防突发获取主动权、增加内容供给等方面来增强社会主义意识形态认同。

一、大数据时代下党的意识形态话语权面临新的挑战

　　作为时下炙手可热的新事物，大数据（Big Data）常被称为"海量数据"。学界一般认为，大数据具有"5V"特征，即高容量（Volume）、高速度（Velocity）、多种类（Variety）、价值性（Value）、精确性（Veracity）。相较于传统数据库而言，大数据并不仅限于数据的海量规模，其更重视的是对数据集的高速采集，以及通过对数据的分析处理提炼其内在

价值。因此，大数据意味着更强的决策分析能力。就此而言，大数据带
来的不仅仅是一场技术革新，更是影响人类思维和行为方式的一次深刻
变革。当下，人类已经跨入大数据时代，"全球数据呈现爆发增长、海量
集聚的特点，对经济发展、社会治理、国家管理、人民生活都产生了重
大影响"①。就思想文化领域而言，党的意识形态工作首当其冲，所受的
影响最为直接。那么，大数据时代到底给党的意识形态话语权带来哪些
机遇，又会带来何种挑战？我们又该如何扬长避短，充分利用大数据增
强党的意识形态话语权？

（一）大数据的优势技术在西方国家，有利于西方话语权的扩张

大数据是信息技术高度发达的产物。众所周知，网络信息技术发源
于美国，以美国为代表的西方发达国家垄断了几乎所有领域的信息技术
优势，形成了学者们所说的"信息霸权"。早在 2009 年初，美国就建
立了统一的数据门户，极大促进了美国社会各个领域数据资源的充分利
用。2012 年 3 月，奥巴马政府宣布启动大数据战略计划，并将之上升
为国家战略。国家的战略关注再加上本身在信息技术上的领先优势，使
得以美国为首的西方国家占据了大数据相关技术的优势地位。当前，世
界性的大型数据库主要分布在欧美国家，发达国家通过先进的数据技术
展现出其信息霸权、技术霸权，为其西方价值观的世界传播创造条件。
"国际上通用的大数据软件如 MapReduce、GFS、Bigtable、Hadoop 等都
是由国外的大型软件技术公司如 IBM、甲骨文、微软、谷歌等开发。"②

---

① 习近平在中共中央政治局第二次集体学习时强调：审时度势精心谋划超前布局力争主
动 实施国家大数据战略加快建设数字中国 ［N］. 人民日报，2017－12－10（01）.
② 李昊远. 大数据技术嵌入国家意识形态安全建设：内涵与对策 ［J］. 求实，2017
（1）.

"全球共有 13 台根服务器。其中 1 台主根服务器在美国，另外 12 台辅根服务器中 9 台在美国，3 台分别在英国、瑞典和日本，没有 1 台在中国。美国的互联网用户数量还不到我国的一半，但网络主机数量是中国的 28 倍。"① 现阶段在世界范围内很多数据信息都是通过发达国家的媒体发布的，我国的主流意识形态话语权被严重打压。西方国家在信息发布、数据采集和分析上的有利地位赋予了其意识形态较充分的话语权，而通过这样的方式来影响别国的意识形态俨然已经成了西方霸权主义的新特征。

（二）海量碎片化信息严重冲击党的意识形态话语权

在大数据时代，信息的海量化、碎片化给传统的意识形态传播带来了前所未有的冲击。数据表明，互联网上的数据每两年就会翻一番，世界上 90% 以上的数据是最近几年生产的。海量意味着多样，巨量数据中蕴含着多样化的思想观念与意识形态，民主社会主义、新自由主义等错误思潮在网络空间大行其道，严重影响马克思主义意识形态的话语权。与此同时，大数据时代的信息传播还呈现出碎片化、去中心化的特点，它"重塑了信息生产主体，变革了信息生产中的精英主义传统，激发了大众压抑已久的创造欲望"②，也给主流意识形态的整合与传播工作造成了障碍。网络信息空间赋予了民众前所未有的自由领域，刺激着人们的表达欲望与精神诉求。在去中心化的话语环境里，民众成为集接受、传播于一体的信息发散点，使得传播方式呈现出核裂变式似的发

---

① 赵艳婷，卢燕. 大数据时代社会意识形态安全问题研究综述 [J]. 天津行政学院学报，2017（3）.
② 吴家庆，曾贤杰. 实施国家大数据工程 维护意识形态安全 [J]. 湖南师范大学社会科学学报，2016（4）.

展图景，信息传播的覆盖面和影响力变得更加难以掌控。据政府网络管理部门的数据显示，在各类在线媒体运营商中，微博账号为12亿，新浪微博和腾讯微博平均每天有2.3亿个帖子。微信平均每天发送量为160亿。QQ的日均平均数量为60亿1000万。而通过大数据的技术对大量的数据网络进行关联是一个很复杂的工作，致使舆论网络整合力度不够，分析能力不够。网上负面信息和不实言论频现，抹黑和攻击我国政治、经济和文化制度，宣扬负面信息，诋毁马克思主义的指导地位，各种思想和观念的碰撞也在网络上被肆意放大，对主流意识形态话语权形成严重冲击。

（三）大数据的"精准识别"可能助推思想观念的多元化

大数据的基础是多样化、巨量的数据，但对大数据的理解又不能仅仅停留在数据本身，海量数据与先进分析技术的结合才是大数据的核心所在。通过大数据技术对收集的海量信息进行整理分析，可以整合形成信息拼图，对某一群体或个体的思想动态、情感倾向、行为习惯等做出"精准识别"，进而从看似混乱无章的无序数据中发掘出蕴含于其中的特殊价值。如今日头条等以算法推荐为核心的内容聚合客户端（App）近来广受关注，其新闻推送机制为网民所好奇，它能通过大数据对用户的个人阅读喜好做出识别和判断，进而令人惊奇地给不同用户推送不同信息。据读者的反映来看，这些信息往往投其所好，比较准确地贴合了个体的喜好和习惯，迥异于传统传播，形成千人千面的个性化传播。这种由大数据所赋能的个性化信息推送与传播，既可用来改进主流意识形态建构工作，也可能起到相反作用。因为在当今中国思想文化多样共存的背景下，如果一味按照上述精准识别、个性推送的方式运用大数据，无疑会在投其所好的原则下形成对个体的信息闭塞效应，即美国学者桑斯坦所说的"信息茧房"效应。智能推送系统会自动屏蔽其他信息，最后所推送的都是用户自己喜欢看的，长此以往必然助长个体思想的封闭性，不同的主张、观念、文化难以有机会交流碰撞，只会在信息闭环里不断同质重复和自我强化，社会思想和文化多样化的趋势也可能因此而持续甚至进一步加强。对此，权威媒体也发文警示，告诫"新闻莫被算法'绑架'"①。的确，智能化的信息传播机制有助于降低获取信息成本，为生活带来便利。"但换个角度看，算法主导下的内容分发模式，也会带来'自我封闭'的危险"，"一旦身处这样的'信息茧房'，就再难接受异质化的信息和不同的观点"②，最终只能在不断重复和自我认证中强化了固有偏见和喜好。

二、大数据时代给党的意识形态话语权构建带来的机遇

（一）大数据化意识形态"无形"为"有形"，为话语权提供了重要的判断依据

意识形态话语权的建构离不开意识形态现状的研判。意识形态是一定阶级利益和主张的理论化形式，其在社会生活中往往通过个体观念或群体信仰表达出来。作为一种理论形态，要感知和判断意识形态状况是比较困难的，其呈现特点具有不可视性，是无形的。以往我们要了解社会主流意识形态的传播现状，往往借助的是有限的样本抽样调查，但这样的调查有其难以避免的缺陷。首先，抽样的数量总是有限的；其次，人为地选择抽样对象也存在片面性；再次，在问卷调查或访谈中，调查对象的回答是否真实有效也是一个难以克服的问题。

---

① 吕洪．新闻莫被算法"绑架"［N］．人民日报，2017 – 07 – 06（14）．
② 人民网二评算法推荐：别被算法困在"信息茧房"［EB/OL］．人民网，2017 – 09 – 19.

　　进入大数据时代，各种信息汇聚于网络，信息的海量化保障了数据的丰富性，而超强的大数据分析处理技术则为信息提取、整合，最终形成极富价值的信息拼图提供了保证。此外，大数据时代智能信息技术的运用也很大程度上弥补了样本选择主观性的缺陷，网络的虚拟性则有助于获取更加真实的网民心理和思想主张。由此来看，在大数据时代，我们可以获得前所未有的信息量和无比强悍的信息处理能力，以此保障我们分析处理后的信息也有足够的真实性和价值性。进而，当我们把大数据技术用于主流意识形态的研判时，也使得原本隐含在人民大众和社会生活中的意识形态状况变得具体和"有形"。

　　（二）大数据"识别"群众的思想动态，有助于提升话语内容的针对性

　　话语内容是话语权最核心的构成，党的意识形态话语权，说到底就是中国共产党所坚持的马克思主义理论，尤其是中国特色社会主义理论体系的影响力和话语权威。马克思主义认为，理论只有掌握群众，才能发挥其作用。而要掌握群众，就要知道对群众讲些什么，以什么方式去讲。而要做好这点，首先就要弄清群众的思想动态和认识水平，做到知己知彼，顺势而为。

　　互联网开放、自由的特点助力其在当今时代成为信息汇聚的中心，网民们在网络空间的一言一行都被各个庞大的信息平台和数据库记录下来。移动互联网的发展进一步促进了信息共享，大家随时随地发表心得感想、点评社会热点话题、讨论公共政策、推介人物和思想。语言是思想的载体，网络空间的这些自由表达背后反映的是话语主体的思想主张和利益诉求，是我们去了解和把握网民们的思想动态的有益途径。只不过说，在大数据技术得到运用之前，我们要直接通过网络言论分析网民

思想有很大难度，碎片化的信息在没有得到有效整合之前，其利用价值是十分微小的。而不全面的、零散的信息也难以保证分析结果的真实可靠。大数据时代的到来，实现了巨量信息与智能技术的结合，比较有效地解决了数据取样不全和信息孤立使用所带来的问题。这就打通了障碍，使得通过网络言行辨识网民的思想倾向成为现实。通过对大数据的充分分析和运用，可以快速整理归纳出热点话题的不同爆点，及时发现讨论的发展趋势，进而"识别"群众的思想动态，了解社情民意。在此基础上，有的放矢，对不同群体、不同思想层次的对象差异化地开展工作，加强话语内容的针对性。

（三）大数据"分析"群众的心理特征和用语习惯，有助于更新话语表达方式

话语表达方式是话语权的重要构成要素。通俗地说，好的内容也需要好的方式去表达，方能起到好效果。大数据能够通过信息的搜集和整合，分析当代人的用语习惯，了解其心理特征，促进话语表达的创新。尤其是对"90后""00后"的年轻人，他们作为"网络原住民"，从小就在网络虚拟世界和现实世界中来回穿梭，他们的生活态度、生活习惯、价值立场等都深受网络影响，网络生存已经成为其现实生活的一部分。在这一背景下，传统的意识形态话语表达方式如单向灌输、权威导引等必然难以适应其个性特征和需求。而大数据时代的到来则为我们知己知彼，了解民众尤其是青少年的心理特征和思想动态提供了基础和条件。具体对意识形态话语权而言，则可以通过大数据的智能分析，知晓各社会群体的用语习惯，进而针对性地更新主流意识形态的话语表达方式，增强感召力。如，2015年百度和《三联生活周刊》达成战略合作，通过对百度输入的信息进行归纳整理以及研究分析，从中发现2015年

民众使用频率最高的词汇，同时根据群体分布、性别等各项元素进行分析，通过一定的方式最终得出"百度输入热度指数"，由此诞生了第一个运用大数据对民众表述进行分析的报告。报告对民众表述中最为关心的创业、明星、理财、政治经济等情况做出了细致分析，从中了解到用户关注哪些方面。用户的心情如何。他们在思考什么、关注什么。报告还显示，该年度"创业"这个词成为很多人搜索的核心词汇，表明创新创业是社会热点；"习大大"一词被广泛应用，表明人民群众对国家领导人的爱戴和拥护；等等。上述类似的大数据报告无疑有助于社会心理分析和话语表达方式的更新，以便意识形态的话语建构更加贴近群众习惯、贴近群众心理诉求，提升话语传播的有效度，增强党的意识形态话语权。

（四）大数据"研判"群众的利益诉求，有助于夯实话语权的利益根基

利益是意识形态话语的深层内核，人们是否接受、认同主流意识形态，从根本上说也与其利益诉求息息相关。马克思主义认为，人们奋斗所争取的一切，都同他们的利益有关。多样化的思想观念和理论思潮背后，隐含的是一定的利益诉求。这就给我们理解话语权提供了一个重要思路，即不仅要从意识形态话语本身去构建话语权，还要注重从实现、维护、发展群众的利益上夯实主流意识形态话语权的利益根基。

党的意识形态话语权建构一直以来就强调把解决群众的思想认识问题与解决群众实际困难相结合，大数据时代的到来，为做好这一结合提供了更为有利的条件。在万物互联的大数据时代，充分实现了即时、跨界的信息共享，网民一言一行都会在网络空间留下痕迹，其在学习、生活、社交、政治参与等诸多网络言行的背后，不可避免地渗透着一定的

价值理想和利益诉求。通过对大数据的采集分析，梳理把握一定社会阶层、群体以及个人的利益诉求，并采取针对性的措施加以解决，从而为主流意识形态话语权夯实利益基础。与此同时，也要从党的意识形态话语内容上加强建设，使之在坚持真理性的同时，更好地贴近群众利益，贴近群众需求。

三、适应大数据特点，增强党的意识形态话语权

（一）大数据的低密度价值性要求意识形态建构主体重视数据的深层挖掘与深度关联，化"无用"信息为宝贵资源

　　大数据是基于互联网的海量信息的，单纯就这些未经处理的巨量信息本身而言，其含金量并不高，只有当我们有意识地去汇集起某些方面的信息，将之关联起来，并用大数据技术对其进行分析处理和价值提取后，方能显现出大数据的真实价值。因此，大数据之所以被比拟为新时代的"石油"，成为当今时代最为重要的资源，极其关键的就是因为我们对足够规模的数据进行了深度关联与深层挖掘，从中提取了大数据的有效价值。将这一认识运用于意识形态的话语权建构，需要做好以下工作：其一，汇集足够丰富的数据信息。习近平总书记指出："信息资源日益成为重要生产要素和社会财富，信息掌握的多寡成为国家软实力和竞争力的重要标志。"① 大数据时代，数据量的大小与价值量呈同向变化趋势，表面"无用"的信息大量累积汇聚以后，其内在的价值才可能相互支撑、形成关联，并以此凸显其作用。为此，要实施国家大数据战略，推进数据资源开放共享。其二，培养分析和运用大数据的能力。

---

① 习近平谈治国理政［M］．北京：外文出版社，2014：198.

要充分认识大数据时代获取信息、处理信息、利用信息的重要性，培养与此相关的能力。对大数据这种资源合理利用，必须对其进行深层次分析，运用到意识形态工作的同时，要辩证分析、实现数据本身价值，从这些冰冷的数据中找到最有价值的角度，并发掘数据内在价值。

（二）大数据的高生成速率性要求提前预防和及时处理意识形态问题，化被动为主动

大数据的高速率特性，主要体现在数据的生成、采集和分析上。大数据所拥有的数据采集和处理能力，远非传统数据处理所能比拟。其超高速率的数据采集分析，使得实时生成和反馈成为现实。如谷歌（Google）地图的实时路况分析就是很好的案例。在处理关于意识形态领域的问题时，也要注意充分利用好大数据的高生成速率性，形成对社会思潮现状及其影响对象、发展趋势的即时评估，把握青少年、知识分子等重要群体的思想状况、政治倾向等，从而为意识形态预警系统提供最为关键的信息支持，提前预判可能出现的意识形态问题并予以及时有效的处理。具体来说，思想政治工作者应利用数据采集技术从海量的、多样的数据海洋中筛选出真正有用的数据，结合先进的数据分析技术准确把握受众的思想动态，及时对意识形态领域的危机进行处理。目前，一个重要的任务是加强数据融合和不同部门间的相关性分析，以反映受众思想的动态性。党和政府在意识形态领域应该充分利用大数据，转变传播观念，利用"大数据思维"关注和掌握人们关注的热点问题、思想状况与价值追求。加快构建网络舆情监测体系，通过对新闻网页、论坛、网站时评等网络资源进行全网和定向采集，利用大数据技术过滤无关信息和有害信息，抽取提炼关键信息并进一步分析舆论价值观倾向和民众政治态度。构建科学合理的数据收集、研究体系，并据此有效整合

优化现有的相关部门的宣传方式。提炼高频词，及时了解人们的思想动态，最大限度地整合民愿，汇集民意，汲取民智，直面民众质疑，及时主动地给予回应。

（三）大数据的高容量性要求增加和优化党的意识形态话语内容供给，化不利为有利

话语权是话语内容的魅力展现，党的意识形态话语权从根本上说源于意识形态话语内容的合规律性和合目的性之统一，合规律性体现为科学性，合目的性体现为以人民为中心的价值追求。在大数据时代，党的意识形态话语权遭受挑战，要化不利为有利，需要创新主流意识形态的话语内容，以更加贴近时代特点、贴近群众需求的内容丰富党的意识形态话语系统，增强主流意识形态的话语认同。具体来说，要适应时代变迁和社会发展，与时俱进地进行理论创新，以促进主流意识形态与时代精神的结合、与人民群众利益诉求的结合。马克思主义的世界观和方法论是永远不会过时的，其对于人类社会发展的一些规律性认识也是具有永恒价值的。但与此同时，顺应时代和社会变化，用马克思主义基本原理和基本方法指导新的实践，不断推进其在新时代的丰富和发展，这也是我们必须承担的使命。要围绕大众普遍关心的理论与现实问题，开展具有说服力、号召力、感染力的理论分析，以丰富壮大主流意识形态为目标，更加积极主动地推进话语权建设，巩固与提升意识形态引领力。

（四）大数据的精确性要求增强意识形态话语权建构的针对性，化低效为高效

技术本身并无价值偏好，其在社会生活中发挥何种作用，关键在于我们怎样去运用技术。大数据也是如此。如前所述，大数据技术的运用可以实现对目标对象的精准识别，这种精准识别可能带来挑战，助长思

想的多样化；但也可为我所用，助力党的意识形态话语权建构。因为在传统的意识形态工作中，很难做到对象细分以及以此为基础的差异化工作策略，很多时候都只能是千篇一律，效果也很难让人满意。

而大数据的超强分析能力使得精准识别成为现实，通过巨量的、看似杂乱无章的数据的分析整合，我们可以判断目标对象的政治认知和意识形态认同现状，从而可以更有针对性地对其开展工作。不仅如此，我们还可以凭借对网民的网络言论和网络行为的大数据分析，如对其搜索偏好、阅读喜好、关注热点、话语内容等进行全方位的分析，较全面地研判目标对象的兴趣爱好、社交圈子等，从而对党的意识形态话语进行差异性构建，在层次性和针对性原则指导下，做到千人千面，个性推送，最大程度地达成效果。所以，需要有针对性地开展大数据采集、整理、分析，根据不同社会成员的个性特点，增强意识形态话语权建构的针对性，改变以往存在的低效困境。

参考文献

一、著作类

［1］马克思恩格斯选集（第1-4卷）［M］. 北京：人民出版社，2012.

［2］马克思恩格斯文集（第1-10卷）［M］. 北京：人民出版社，2009.

［3］列宁选集（第1-4卷）［M］. 北京：人民出版社，2012.

［4］毛泽东选集（第1-4卷）［M］. 北京：人民出版社，1991.

［5］毛泽东文集（第1-8卷）［M］. 北京：人民出版社，1993-1999.

［6］邓小平文选（第1-3卷）［M］. 北京：人民出版社，1994、1993.

［7］江泽民文选（第1-3卷）［M］. 北京：人民出版社，2006.

［8］胡锦涛文选（第1-3卷）［M］. 北京：人民出版社，2016.

［9］习近平谈治国理政［M］. 北京：外文出版社，2014.

［10］习近平谈治国理政：第2卷［M］. 北京：外文出版社，2017.

［11］俞吾金. 意识形态论(修订版)［M］. 北京：人民出版社，

2009.

　　[12] 侯惠勤. 马克思主义意识形态论 [M]. 南京：南京大学出版社，2011.

　　[13] 林泰. 问道：改革开放以来的社会思潮与青年思想政治教育研究 [M]. 北京：中国社会科学出版社，2013.

　　[14] 邹庆华. 提升当代社会主流意识形态认同度研究 [M]. 北京：中国社会科学出版社，2015.

　　[15] 王娟. 社会思潮与大学生主流意识形态认同 [M]. 天津：天津人民出版社，2017.

　　[16] 聂立清. 我国当代主流意识形态认同研究 [M]. 北京：人民出版社，2010.

　　[17] 冯刚. 新形势下意识形态相关问题研究 [M]. 北京：光明日报出版社，2014.

　　[18] 孟迎辉. 西方发达国家政府掌控意识形态的措施研究 [M]. 沈阳：辽宁人民出版社，2013.

　　[19] 杨永志. 互联网条件下维护我国意识形态安全研究 [M]. 天津：南开大学出版社，2015.

　　[20] 陈锡喜. 意识形态：当代中国的理论和实践 [M]. 北京：中国人民大学出版社，2018.

　　[21] 于华. 中国共产党意识形态领导权研究 [M]. 北京：人民出版社，2017.

　　[22] 陈先达. 坚持马克思主义在意识形态领域指导地位研究 [M]. 北京：经济科学出版社，2015.

　　[23] 侯惠勤，等. 冲突与整合：如何认识我国社会主义改革实践

过程对人们思想的影响 [M]．北京：中国人民大学出版社，2004.

[24] 佘双好．当代社会思潮对高校师生的影响及对策研究 [M]．北京：中央编译出版社，2012.

[25] 张秀琴．马克思意识形态理论的当代阐释 [M]．北京：中国社会科学出版社，2005.

[26] 王爱玲．中国网络媒介的主流意识形态建设研究 [M]．北京：人民出版社，2014.

[27] 杨文华，等．网络意识形态领导权研究 [M]．沈阳：东北大学出版社，2017.

[28] 王永进．高校意识形态工作话语权研究 [M]．上海：上海交通大学出版社，2017.

[29] 张骥．中国文化安全与意识形态战略 [M]．北京：人民出版社，2010.

[30] 朱孔军．高校意识形态工作研究 [M]．广州：中山大学出版社，2015.

[31] 王永贵，等．经济全球化与社会主义意识形态建设研究 [M]．北京：人民出版社，2005.

[32] 杨立英，等．全球化、网络化境遇与社会主义意识形态建设研究 [M]．北京：人民出版社，2006.

[33] 郭明飞．网络发展与我国意识形态安全 [M]．北京：中国社会科学出版社，2009.

[34] 吴家庆．中国共产党公信力建设研究 [M]．北京：人民出版社，2013.

[35] 朱兆中．中国社会主义意识形态建设纵论 [M]．上海：上

海人民出版社，2003．

[36] 郑永廷，等．社会主义意识形态研究 [M]．广州：中山大学出版社，1999．

[37] 宋惠昌．当代社会意识形态 [M]．北京：中央党校出版社，1992．

[38] 周宏．理解与批判：马克思意识形态理论的文本学研究[M]．上海：上海三联书店，2003．

[39] 童世骏．意识形态新论 [M]．上海：上海人民出版社，2006．

[40] 杨海英．社会主义意识形态创新研究 [M]．北京：中共中央党校出版社，2005．

[41] 戴焰军，李英田．党的执政能力建设与意识形态工作 [M]．北京：党建读物出版社，2005．

[42] 徐海波．中国社会转型与意识形态问题 [M]．北京：中国社会科学出版社，2003．

[43] 赵继伟．马克思主义意识形态接受论 [M]．武汉：武汉大学出版社，2009．

[44] 林国标．中国社会主义意识形态发展史 [M]．长沙：湖南人民出版社，2007．

[45] 陈晓明，周宏，等．意识形态建设理论的新发展 [M]．北京：社会科学文献出版社，2008．

[46] 李希光，刘康，等．妖魔化与媒体轰炸 [M]．南京：江苏人民出版社，1999．

[47] 许新，等．超级大国的崩溃——苏联解体原因探析 [M]．

北京：社会科学文献出版社，2001.

[48] 李辽宁. 当代中国思想政治教育意识形态功能研究 ［M］. 武汉：武汉大学出版社，2006.

[49] 曹长盛，等. 苏联演变进程中的意识形态研究 ［M］. 北京：人民出版社，2004.

[50] 石国亮. 青年国际政治研究的新范式：意识形态视野中的青年和青年组织 ［M］. 北京：人民出版社，2007.

[51] 李慎明. 居安思危——苏共亡党二十年的思考 ［M］. 北京：社会科学文献出版社，2011.

[52] 周尚文. 苏共执政模式研究 ［M］. 上海：上海人民出版社，2010.

[53] 梅荣政，张晓红. 论新自由主义思潮 ［M］. 北京：高等教育出版社，2004.

[54] 何秉孟. 新自由主义评析 ［M］. 北京：社会科学文献出版社，2004.

[55] 梁柱，龚书铎. 警惕历史虚无主义思潮 ［M］. 北京：人民教育出版社，2006.

[56] 汪亭友. "普世价值"评析 ［M］. 北京：社会科学文献出版社，2012.

[57] 徐崇温. 民主社会主义评析 ［M］. 重庆：重庆出版社，1995.

[58] 周新城. 民主社会主义思潮评析 ［M］. 北京：社会科学文献出版社，2008.

[59] 徐海波. 中国社会转型与意识形态问题 ［M］. 北京：中国社会科学出版社，2003.

[60] 敄带芽. 社会主义意识形态建设：热问题与冷思考 [M].
北京：人民出版社，2011.

[61] 林国标. 中国社会主义意识形态发展史 [M]. 长沙：湖南
人民出版社，2007.

[62] [美] 罗伯特·A. 达尔. 现代政治分析 [M]. 王沪宁，等
译. 上海：上海译文出版社，1987.

[63] [匈] 卢卡奇. 历史与阶级意识 [M]. 杜章智，等译. 北
京：商务印书馆，2017.

[64] [美] 丹尼尔·贝尔. 意识形态的终结：五十年代政治观念
衰微之考察 [M]. 张国清译. 南京：江苏人民出版社，2001.

[65] [美] 丹尼尔·贝尔. 资本主义的文化矛盾 [M]. 赵一凡，
等译. 北京：生活·读书·新知三联书店，1989.

[66] [英] 大卫·麦克里兰. 意识形态 [M]. 第二版，孔兆政，
蒋龙翔，译. 长春：吉林人民出版社，2005.

[67] [美] 弗兰西斯·福山. 历史的终结及最后之人 [M]. 黄胜
强，等译. 北京：中国社会科学出版社，2003.

[68] [德] 卡尔·曼海姆. 意识形态与乌托邦 [M]. 黎鸣，李书
崇译. 北京：商务印书馆，2000.

[69] [美] 尼克松. 1999：不战而胜 [M]. 王观声，等译. 北
京：世界知识出版社，1989.

[70] [德] 马克斯·韦伯. 新教伦理与资本主义精神 [M]. 于
晓，陈维纲，等译. 北京：生活·读书·新知三联书店，1987.

[71] [美] 兹比格纽·布热津斯基. 大棋局——美国的首要地位
及其地缘战 [M]. 中国国际问题研究所译. 上海：上海人民出版

社，1998.

[72]［英］戴维·莫利等. 认同的空间［M］. 司艳，译. 南京：南京大学出版社，2001.

[73]［法］阿尔都塞. 保卫马克思［M］. 顾良，译. 北京：商务印书馆，1984.

[74]［意］安东尼奥·葛兰西. 狱中札记［M］. 曹雷雨，等译. 北京：中国社会科学出版社，2000.

[75]［德］哈贝马斯. 作为"意识形态"的技术与科学［M］. 李黎，等译. 上海：学林出版社，1999.

二、论文类

[76] 孔德永. 当代我国主流意识形态认同建构的有效途径［J］. 马克思主义研究，2012（6）.

[77] 胡春阳. 转型时期我国社会主义意识形态认同建构探究［J］. 长白学刊，2017（1）.

[78] 吴玉军. 政治认同视域中的意识形态建构［J］. 中国特色社会主义研究，2017（3）.

[79] 赵晶. 马克思主义意识形态认同研究［J］. 党政论坛，2013（4）.

[80] 权麟春. 文化认同视域下的主导意识形态认同［J］. 云南行政学院学报，2016（3）.

[81] 揭晓. 大学生主流意识形态认同的形成规律及其启示［J］. 教育探索，2012（4）.

[82] 许佃兵. 大学生意识形态认同生成机理与改进机制［J］. 高校教育管理，2015（6）.

［83］聂立清，张燕．我国当代主流意识形态认同的实现机制探析
［J］．领导科学，2012（4）．

［84］胡小琳．论心理认同视域下的政党主导意识形态传播机理与
策略［J］．南京政治学院学报，2016（1）．

［85］张文彦，魏建国．国家意识形态认同探析［J］．理论学刊，
2010（12）．

［86］刘云．转型期利益分化与主流意识形态认同危机［J］．临沂
大学学报，2014（5）．

［87］沈建波．社会心态视域中的主流意识形态认同［J］．湖北大
学学报（哲社版），2014（1）．

［88］张润枝，陈艳飞．论文本转换与当代青年对主流意识形态认
同度的提升［J］．当代世界与社会主义，2014（5）．

［89］王芝眉．结构断裂：转型期主流意识形态认同困境的内潜性
原因分析［J］．新疆大学学报（哲社版），2014（6）．

［90］李笃武．社会转型期主流意识形态认同危机与对策［J］．河
南师范大学学报（哲社版），2006（2）．

［91］聂立清．社会信息化与我国主流意识形态认同的构建［J］．
领导科学，2010（8）．

［92］蔡泉水，赵松．博弈视角下新媒体对主流意识形态认同的挑
战［J］．中共南昌市委党校学报，2016（2）．

［93］李炎芳，郭明飞，杨磊．微时代的意识形态认同危机及其治
理［J］．江西社会科学，2014（6）．

［94］余保刚．网络论坛环境下的社会主义主流意识形态认同研究
［J］．长白学刊，2010（3）．

[95] 薛焱. 认同竞争：意识形态功能维度的较量 [J]. 武汉理工大学学报（社会科学版），2016（5）.

[96] 王兰娟. 历史虚无主义：当代大学生主流意识形态认同的新挑战 [J]. 山西高等学校社会科学学报，2017（10）。

[97] 于春江. 论新自由主义与我国青年的主流意识形态认同 [J]. 理论研究，2011（3）.

[98] 陶利江. 青少年主流意识形态认同：问题、影响因素及路径选择 [J]. 青少年学刊，2016（4）.

[99] 王莒. 青少年主流意识形态认同中存在的问题及原因 [J]. 学校党建与思想教育，2010（1）

[100] 曹亚雄，翟齐楠. 当前大学生主流意识形态认同存在的问题及提升策略 [J]. 学校党建与思想教育，2016（10）.

[101] 杨军. 我国社会心理变化与主流意识形态认同 [J]. 前沿，2012（13）.

[102] 邹庆华. 推进主流意识形态认同机制建设 [J]. 理论探索，2015（4）.

[103] 王淑芳. 高校马克思主义意识形态认同缺失归因与解决对策探析 [J]. 渤海大学学报，2011（3）.

[104] Larsen, Knud S. ; Groberg, David H. Ideology and Identity：A National Outlook [J]. *Journal of Peace Research*, 1995（2）.

[105] Sally Johnson. Language in the media：representations, identities, ideologies [J]. *International Journal of Applied Linguistics*, 2007（3）.

[106] Ira. Identity and Ideology：Sociocultural Theories of Schooling [J]. *American Journal of Sociology*, 1992（3）.

附录1

调查问卷

调查问卷

自媒体时代下，大学生对于社会主义意识形态认同研究调查问卷

亲爱的朋友：

您好！衷心地感谢您能抽出宝贵的时间来填写本问卷。本研究旨在从自媒体时代的背景出发，考察当代大学生对社会主义意识形态的认知现状。

您是我们随机抽取的调查对象之一，您的真实作答对于我们的研究结果具有十分重要的意义。本调查实行匿名制，所得数据只用于统计分析，答案没有对错之分，希望您能按照真实的情况和想法填写。我们承诺将会对您的信息严格保密。非常感谢您的支持与合作！

2018 年 1 月

填写说明：请在每个题目答案选项中选择您认同的答案，在相应选项面前的□中打"√"或直接填于_____处。

第一部分 个人基本信息

A1. 性别：□1. 男　　　□2. 女

A2. 年级：

□1. 本科一年级　　□2. 本科二年级　　□3. 本科三年级

□4. 本科四年级　　□5. 本科五年级　　□6. 研究生一年级

□7. 研究生二年级　□8. 研究生三年级　□9. 博士及以上

□10. 其他

A3. 专业：

□1. 哲学　　　　□2. 经济学　　　□3. 法学

□4. 教育学　　　□5. 文学　　　　□6. 历史学

□7. 理学　　　　□8. 工学　　　　□9. 农学

□10. 医学　　　□11. 军事学　　　□12. 管理学

□13. 艺术学　　□14. 其他（请注明：＿＿＿＿＿＿）

A4. 政治面貌：

□1. 群众　　　　□2. 共青团员　　□3. 中共党员

□4. 民主党派　　□5. 其他（请注明：＿＿＿＿＿）

A5. 民族：

□1. 汉族　　　　□2. 其他少数民族（请注明：＿＿＿＿）

A6. 宗教信仰：

□1. 不信仰宗教　□2. 基督教　　　□3. 天主教

□4. 伊斯兰教　　□5. 佛教　　　　□6. 道教

□7. 印度教　　　□8. 其他宗教

A7. 是否是学生干部：

□1. 是

属于的系统为：①学生会　　　②团委　　　③社团　　　④传媒

　　　　　　　⑤班委　　　⑥学生助理　　⑦其他

□2. 否

第二部分　自媒体使用情况部分

B1. 您对自媒体的了解情况是？

□1. 非常了解　　　□2. 比较了解　　　□3. 一般

□4. 不太了解　　　□5. 完全不了解

B2. 您主要通过哪一设备进行上网？

□1. 手机　　　　　□2. 电脑　　　　　□3. 平板

□4. 其他（请注明：_____ ）

B3. 您一般通过哪些媒介载体获取信息？（可多选）

□1. 微信　　　　　□2. QQ　　　　　　□3. 微博

□4. 贴吧　　　　　□5. 论坛　　　　　□6. 新闻客户端

□7. 网页推送　　　□8. 各大网站　　　□9. 各大视频软件

□10. 纸质刊物　　　□11. 知乎　　　　　□12. 豆瓣

□13. 其他

B4. 您每天的上网的时间大约为_____ 小时

B5. 请依照您自己使用自媒体的频率进行排序，第一位是_____，
第二位是_____，第三位是_____。

1. 基础应用（百度引擎、计算器、闹钟等）

2. 通讯社交（QQ、微信等）

3. 浏览信息与动态（微博空间、QQ空间、朋友圈等）

4. 网络论坛（贴吧、BBS等）

5. 学习活动（超级课程表、课程格子、BBC听力、单词背诵等）

6. 电子商务（淘宝、京东、拼多多等）

7. 其他（请注明：＿＿＿＿＿＿＿）

B6. 您通常关注的新闻类型为：

☐1. 社会民生类　　☐2. 经济财经类　　☐3. 体育娱乐类

☐4. 军事科技类　　☐5. 教育文化类　　☐6. 生活休闲类

☐7. 时政新闻类　　☐8. 餐饮美食类　　☐9. 购物时尚类

☐10. 影视动漫类　☐11. 幽默笑话类　☐12. 健康养生类

☐13. 教育求职类　☐13. 情感八卦类　☐14. 不关注

☐15. 其他

B7. 在您使用自媒体过程中，主要使用的功能是什么？（多选题）

☐1. 发表言论　　☐2. 聊天交友　　☐3. 打游戏

☐4. 购物、交易　☐5. 学习查阅资料　☐6. 跟随潮流

☐7. 浏览新闻　　☐8. 看视频听音乐　☐9. 其他

B8. 您作为一个当代大学生，您觉得自媒体世界对您影响大吗？

☐1. 影响非常大，几乎成了我生活的全部

☐2. 影响比较大，生活中的许多方面几乎离不开自媒体世界

☐3. 影响一般大，只是我生活中的一种娱乐方式

☐4. 几乎不怎么影响，平常也不怎么使用自媒体平台

☐5. 说不清

B9. 假设卸掉您手机里的所有自媒体平台，您会怎么样？

☐1. 肯定没有办法生活，跟失去了左膀右臂一样，非常失落空虚

☐2. 可能会觉得很不适应，要尽快地恢复使用网络自媒体

☐3. 没关系啊，我会和同学们交流，去图书馆读书，照样很充实

☐4. 不知道，没有经历过，不知道怎么样

B10. 自媒体上的主体观点容易影响您对事件的判断吗？

☐1. 非常容易，经常跟随着自媒体上的观点看待问题

☐2. 比较容易，自媒体上的观点能代表多数人的想法

☐3. 一般，视情况而定，部分情况有影响

☐4. 不太容易，我通常有我自己的观点

☐5. 从没有影响过我

B11. 网络文章下面的评论对您认识事件本身有影响吗？

☐1. 经常   ☐2. 有时   ☐3. 一般

☐4. 很少   ☐5. 几乎不

B12. 您认为自媒体负面信息对大学生产生的影响大吗？

☐1. 影响大，会改变大学生的人生观和价值观

☐2. 有影响，会改变大学生某些方面的想法

☐3. 没有影响，不会改变大学生的人生观和价值观

☐4. 不知道

B13. 您认为自媒体宣传的先进人物和事迹，是否会对大学生的价值观产生影响？

☐1. 有影响，有利于培育社会主义核心价值观

☐2. 有部分影响，网络宣传还是有一定作用的

☐3. 没有影响，信息太多，看过了就忘记了

□4. 不知道

B14. 您是否了解关于自媒体平台言论的法律法规？如《中国互联网行业自律公约》。

□1. 完全了解　　　□2. 比较了解　　　□3. 不确定

□4. 不太了解　　　□5. 完全不了解

B15 您现在使用的自媒体平台信息都准确可信吗？

□1. 肯定可信，都是国内大科技公司所开发的软件

□2. 比较可信，我会接受大众认可的价值观

□3. 比较可信，但我会有自己的想法与判断，不会盲目

□4. 持半信半疑的态度，需要考证才可以确信的

□5. 不怎么相信，自媒体平台上的东西太虚假了

□6. 完全不相信，都是可以杜撰的

□7. 其他

B16. 您在发布或者转载网上信息时，是否会考虑事件的真实性？

□1. 经常　　　□2. 有时　　　□3. 不确定

□4. 很少　　　□5. 几乎不

B17. 您是否会考证自媒体平台中信息的真实性？

□1. 会考证　　　　　　　　　□2. 有时候会

□3. 从没有想过要去查证　　　□4. 不知道怎么考证

□5. 不清楚

B18. 当您看到自媒体平台中流传着虚假信息，您通常会怎么做？

□1. 一定会向相关部门举报

□2. 想举报，但是不知道方法

□3. 只会提醒自己身边的亲朋好友留意

□4. 会在下面评论，告诫大家

□5. 看看就好，相信大部分人都能辨识信息的真假

□6. 看到就罢，反正没骗到我头上就好

□7. 不知道

B19. 您用自媒体平台（微信、微博、贴吧等）传播过虚假信息吗？

□1. 经常传播，大家都在传，无所谓

□2. 偶尔传播过，无聊的时候

□3. 没有传播过

□4. 不清楚

B20. 您对网络上有关时政新闻言论的信任度为：

□1. 完全信任　　　□2. 比较信任　　　□3. 一般

□4. 不太信任　　　□5. 完全不信任

B21. 对待网络上报道的社会热点问题，您的做法通常是：

□1. 一般都不想了解

□2. 仅是浏览，进行了解

□3. 不仅浏览，偶尔还会转发

□4. 通常情况下会转发

□5. 不仅转发，并且还会参与讨论，很关心

□6. 视情况而定

□7. 其他

B22. 当众多媒介的观点不同时，您更愿意相信谁？

□1. 电视　　　　　□2. 广播　　　　　□3. 报纸报刊

□4. 门户网站　　　□5. 自媒体（微信、微博、人人等）

□6. 权威人士发表的网络评论　　　　　□7. 其他

B23. 看到自媒体上有与主流官方媒体相反的论调时，您更相信哪个？

　□1. 相信自媒体，现在社会某些方面确实让人不满意

　□2. 相信官方媒体，估计是人为操纵

　□3. 相信自媒体上大部分参与者的意见

　□4. 谁都不信，根据自身观点做出判断

　□5. 通常综合各方面观点，全面解读

　□6. 其他

第三部分　社会主义意识形态部分

C1. 您对西方意识形态渗透，"文化入侵""西化"和"分化"战略了解吗？

　□1. 比较了解

　□2. 有一些了解

　□3. 不了解

　□4. 没听说过，也不了解

C2. 中国特色社会主义进入了新时代，我国社会主要矛盾是：

　□1. 人民日益增长的美好生活需要和不平衡不充分的发展之间的矛盾

　□2. 人民日益增长的物质文化需要同落后的社会生产力之间的矛盾

　□3. 不清楚

C3. 近代以来，中国历史发展的主线内容包括？（多选题）

□1. 民族独立

□2. 人民解放

□3. 国家富强

□4. 社会和谐

□5. 其他（请注明：＿＿＿＿＿＿ ）

C4. 您认为中国特色社会主义理论体系主要包括以下哪些内容？

（多选题）

□1. 毛泽东思想

□2. 邓小平理论

□3. "三个代表"重要思想

□4. 科学发展观

□5. 习近平新时代中国特色社会主义思想

□6. 中国优秀传统文化思想

C5. 社会主义核心价值观对个人层面的要求是：

□1. 富强、民主、文明、和谐

□2. 自由、平等、公正、法治

□3. 爱国、敬业、诚信、友善

□4. 不知道

C6. 中国特色社会主义的根本政治制度是：

□1. 人民代表大会制度

□2. 民主协商制度

□3. 基层群众自治制度

□4. 不知道

C7. 中国特色社会主义的基本政治制度有哪些？（多选题）

☐1. 民族区域自治制度

☐2. 多党合作和政治协商制度

☐3. 基层群众自治制度

☐4. 人民代表大会制度

☐5. 其他（请注明：＿＿＿＿＿＿）

C8. 在当前社会主义市场经济下，我国实行：

☐1. 市场在资源配置中起决定性作用

☐2. 政府在资源配置中起决定性作用

☐3. 市场和政府发挥同等重要作用

☐4. 不清楚

C9. 您是否认为改革开放以来，中国取得了巨大的成就？

☐1. 是

☐2. 否（请跳过 C10，从 C11 开始作答）

C10. 我国改革开放以来取得的巨大成就依赖于：（多选题）

☐1. 党的领导

☐2. 以经济建设为中心

☐3. 改革创新的时代精神

☐4. 自强不息的民族精神

☐5. 其他（请注明：＿＿＿＿＿＿）

C11. 在如今这个时代背景下，我们有必要继续坚持走中国特色社会主义道路吗？

☐1. 有必要

☐2. 没有必要（请跳过 C12，从 C13 开始作答）

□3. 不清楚（请跳过 C12，从 C13 开始作答）

C12. 您认为坚持中国社会主义道路的最终结果会是什么样的？（多选题）

□1. 国家富强

□2. 人民幸福

□3. 民族振兴

□4. 社会和谐

□5. 其他（请注明：＿＿＿＿＿＿）

C13. 您认为大学里开设"马克思主义基本原理概论"等课程有意义吗？

□1. 有意义

□2. 没有意义（请跳过 C14，从 C15 开始作答）

C14. 您认为在大学里开设"马克思主义基本原理概论""毛泽东思想和中国特色社会主义理论体系概论"等课程的意义有哪些？（多选题）

□1. 掌握更多理论知识

□2. 可以更了解社会主义制度

□3. 对考公务员、考研有用

□4. 对学习生活具有指导意义

□5. 其他（请注明：＿＿＿＿＿＿）

C15. 您对中西两种社会制度的看法是：

□1. 我国的社会主义制度很好

□2. 西方的资本主义制度很好

□3. 不关心，什么社会制度都无所谓

C16. 您认为现在圣诞节、情人节等节日文化以及外国品牌大量进入中国算是文化渗透吗?

☐1. 算是　　　　☐2. 不算是　　　　☐3. 我不知道

C17. 在春节与圣诞节、七夕与西方情人节、重阳节与感恩节这3组节日中你更喜欢的中国节日有多少个?

☐1. 0 个　　　　☐2. 1 个　　　　☐3. 2 个　　　☐4. 3 个

C18. 您如何看待每年中央电视台推出的"感动中国"节目中的道德模范的事迹?

☐1. 我不知道他们的事迹

☐2. 多数事迹显得太假了,看不看的没意思

☐3. 看的时候挺感动,看过就忘了

☐4. 他们的精神值得学习,但我不会像他们那么去做,因为每个人的情况不一样

☐5. 他们是我学习的楷模,我会在实践中践行他们的精神

C19. 说明:根据您的实际情况,请您在相应的☐内打"√"。

	完全认同	基本认同	无所谓	基本不认同	完全不认同
a. 中国的实际决定了我国只有走社会主义道路					
b. 对实现中华民族伟大复兴中国梦非常有信心					
c. 党政军民学,东西南北中,党是领导一切的					

续表

	完全认同	基本认同	无所谓	基本不认同
d. 我国仍处于社会主义初级阶段是科学的判断				
e. 我国比以前更富强、民主、文明和和谐				
f. 到2020年，将全面建成小康社会				
g. 到2035年，将基本实现社会主义现代化				
h. 到2050年，将建成富强民主文明和谐美丽的社会主义现代化强国				
i. 马克思主义理论是当今中国社会的主流意识形态				
j. 新时代中国特色社会主义思想是集体智慧结晶				
k. 习近平新时代中国特色社会主义思想能够解决中国特色社会主义、中华民族的前途命运问题				
l. 中国特色社会主义理论体系是指导党和人民实现中华民族伟大复兴的正确理论				
m. 社会主义核心价值观凝结着全体人民共同的价值追求				

续表

	完全认同	基本认同	无所谓	基本不认同
o. 人民代表大会制度成功实现了人民当家做主				
p. 对我国法律制度体系充满心，我们一定能实现依法治国				
q. 人民生活更为宽裕，城乡区域发展差距和居民生活水平差距显著缩小				
r. 经济实力、科技实力将大幅跃升，跻身创新型国家前列				
s. 各方面制度更加完善，国家治理体系和治理能力现代化基本实现				

C20. 说明：根据您的实际情况，请您在相应的□内打"√"。

	非常符合	比较符合	一般	不太符合	很不符合
a. 积极关注中国共产党第十九次全国代表大会胜利召开					
b. 经常收看中央电视台的《新闻联播》节目					
c. 我经常通过新闻媒体、网络等渠道对公共事件进行讨论					
d. 当听到有抹黑党和政府的言论时，我会予以反驳					
e. 身边普遍存在"实用主义""享乐主义""拜金主义"等思想					

续表

	非常符合	比较符合	一般	不太符合	很不符合
f. 在思修、毛概、马原等课上我会认真听讲，课后认真完成作业					
g. 在进行选举投票时，我会认真了解候选人，谨慎投票					
h. 学校就有关事项征求意见时，我会积极表达想法					
i. 在网上发表的言论都会经过深思熟虑					
j. 没有上课迟到、早退、旷课等行为					
k. 没有抄袭剽窃、买论文、实验凑数据等学术不端行为					
l. 在个人利益与国家利益、集体利益发生冲突时，我会首先考虑国家利益和集体利益					
m. 即使撒谎会让我获得利益且不被揭发，我也不会这样做					
n. 积极参加学校、班级组织的集体活动					

C21. 您想要加入中国共产党吗？

□1. 是（请回答 C22 后跳至 C24 开始作答）

□2. 否（请跳过 C22，从 C23 开始作答）

C22. 您的入党动机有哪些？（多选题）

□1. 为人民服务

□2. 对中国特色社会主义道路充满信心

□3. 满足政治荣誉感

□4. 增加就业竞争力

□5. 受周围人的影响

□6. 其他（请注明：＿＿＿＿＿＿　）

C23. 您不想加入中国共产党的原因有哪些？（多选题）

□1. 以后会出国深造

□2. 入党流程太复杂

□3. 对我今后的生活和工作没有帮助

□4. 没兴趣

□5. 对中国共产党没有信心

□6. 信仰其他政党或宗教

□7. 其他（请注明：＿＿＿＿＿＿　）

C24. 当对同一事件出现不同意见时，您认为获取信息更全面、准确、客观的第三条渠道有哪些？（多选题）

□1. 各级政府部门的通告

□2. 人民日报等各级官方媒体消息

□3. 新浪等国内非官方媒体消息

□4. BBC 等各类境外媒体消息

□5. 网络大 V 的观点

□6. 师生亲友之间口口相传的消息

□7. 知乎、天涯等网络论坛的评论

□8. 朋友圈、微博传播的各类消息

□9. 其他（请注明：＿＿＿＿＿＿　）

C25. 若出现了主流媒体与境外媒体对同一敏感事件报道迥异，您通常的态度是？

☐1. 通过比较得出自己的结论

☐2. 坚信主流媒体报道

☐3. 境外媒体的报道更加客观真实

☐4. 不关心

C26. 如果你有足够的钱、知识、能力，能轻易移民他国，你会怎样做？

☐1. 移民外国，中国太差，条件没外国好

☐2. 会出国一段时间，但仍然留在中国，中国未来充满机遇

☐3. 留在中国，为祖国献出一份力量

☐4. 不确定，看以后中国发展情况

C27. 关于您的理想信念：

☐1. 迷茫中，暂没有为之奋斗的理想

☐2. 有长远理想，但没有具体的实现计划

☐3. 有长远理想，并一直为之奋斗

☐4. 有短期理想，但没有具体的行动

☐5. 有短期理想，并有具体的实现计划

C28. 当您发现理想与现实存在较大差距时：

☐1. 会仍然继续努力，誓不罢休

☐2. 会把理想作为前进的动力，但不在乎能否实现

☐3. 会选择其他理想去实现

☐4. 会灰心丧气，陷入迷茫

C29. 您认为我国当前的意识形态工作重点应放在：

☐1. 线下的理论创新

☐2. 线上的网络舆论引导

☐3. 加强党管意识形态的作用

☐4. 坚定文化自信

☐5. 说不清楚

C30. 您主要通过什么途径了解到社会主义核心价值观？（多选题）

☐1. 报纸杂志等传统媒体

☐2. 微信、微博等新媒体

☐3. 听讲座和报告等党团活动

☐4. 思想政治理论课

☐5. 家庭教育

☐6. 其他（请注明：＿＿＿＿＿＿＿＿）

C31. 您认为哪些渠道有助于对社会主义制度的学习？（多选题）

☐1. 专家讲座　　　☐2. 社会实践　　　☐3. 比赛活动

☐4. 课堂教学　　　☐5. 网络教育　　　☐6. 其他（请注明：＿

＿＿＿＿＿＿）

C32. 您认为参加社会主义意识形态教育活动的主要动力是什么？

（多选题）

☐1. 受周围人认可　　　　　　☐2. 实现自我价值

☐3. 受社会环境影响　　　　　☐4. 受到表彰激励

☐5. 其他（请注明：＿＿＿＿＿＿＿＿）

C33. 以下教育活动，您参加过哪些？（多选题）

☐1. 中国特色社会主义理论体系网络文化活动

☐2. 精神文明创建活动

□3. 诚信教育活动

□4. 社会公德、职业道德、家庭美德、个人品德教育活动

□5. 中华优秀传统文化宣传教育活动

□6. 文化、科技、卫生、法律"三下乡"活动

□7. 文化、科技、卫生、法律进社区活动

□8. 红色爱国主义教育基地活动

□9. 重大人物典型的宣传活动

C34. 您认为引导大学生确立社会主义核心价值观的有效途径有哪些?(多选题)

□1. 家庭教育的科学引导

□2. 思想政治理论的教学

□3. 典型事迹的榜样示范

□4. 网络新媒体宣传教育

□5. 社会实践的体验体悟

□6. 其他(请注明:_____)

附录2

访谈提纲

1. 谈谈你对大学生社会主义意识形态认同内涵的了解认识。

2. 你认为有哪些因素影响大学生对社会主义意识形态的认同？

3. 你对中国共产党的评价。

4. 你认为是社会主义制度好，还是资本主义制度好？

5. 你对社会主义核心价值体系了解吗？谈谈你的理解。

6. 你觉得当前高校大学生的思想道德素质如何？

7. 学校思政理论课状况怎么样？哪些需改进？

8. 你认为目前大学生社会主义意识形态认同情况可好？存在哪些不足之处？

9. 你经常使用哪几个自媒体平台？哪个自媒体的体验最好？

10. 这些自媒体吸引你的主要是什么内容？

11. 你认为未来自媒体会如何发展？

12. 你对学校的自媒体平台建设有什么建议？